SAINT PIERRE DU QUEYROIX
DE LIMOGES.

NOTICE HISTORIQUE ET DESCRIPTIVE

SUR CETTE ÉGLISE

Par M. MAURICE ARDANT.

LIMOGES,
IMPRIMERIE DE MARTIAL ARDANT FRÈRES.
1851.

SAINT-PIERRE-DU-QUEYROIX

DE LIMOGES

NOTICE HISTORIQUE ET DESCRIPTIVE

SUR CETTE ÉGLISE.

LIBRAIRIE DES BONS LIVRES.

LIMOGES	PARIS
MARTIAL ARDANT FRÈRES	MARTIAL ARDANT FRÈRES
rue des Taules.	quai des Augustins, 25.

1851.

مجلد
۱

A LA MÉMOIRE

DE M. JOSEPH GUINGAND DE S^T-MATHIEU,

DÉPUTÉ AUX ÉTATS-GÉNÉRAUX,

CURÉ DE SAINT-PIERRE.

Hommage de vénération et de reconnaissance de son paroissien,

MAURICE ARDANT.

Limoges, le 29 juin 1851.

INTRODUCTION.

L'ÉGLISE de Saint-Pierre-du-Queyroix fut fondée comme un monument de la reconnaissance de l'Aquitaine, et particulièrement de Limoges, l'une de ses capitales, délivrées du joug oppresseur des barbares Visigoths, envers la toute-puissance divine qui suscita le bras valeureux du vainqueur de Soissons et de Tolbiac, pour les arracher à la dure domination de souverains hérétiques et couverts du sang de leurs évêques.

Clovis bâtit à cette époque l'oratoire de Saint-Pierre du Dorat, à Paris l'église de Saint-Pierre et Saint-Paul, depuis Sainte-Geneviève.

Nos annales manuscrites disent dans leur langage à la fois naïf et énergique : « qu'Honorius et Théodoricus » pour se descharger des Gotz qui avoient pilhe et bri-» gande l'Italie, bailherent aux Visigotz l'Aquittaine pour

» perpetuelle habitation, l'an 419, laquelle fust possedée
» soubz six roys de leur nation, dont le premier fust
» Valia, jusques vers l'an 509 que Clovis premier roy
» crestien les chassat, auquel temps estoit leur roy
» Alaric. »

Theudo, Torismundus, Théodoric et Eoric ou Ewarik, se succédèrent dans cette royauté dont le siège était à Toulouse.

Ewarik, qui commença à régner l'an 464, soumit, huit ans après, le Limousin et tout le reste de l'Aquitaine ; son prédécesseur avait accablé de mauvais traitements l'évêque de Limoges *Exupérius*, qui avait instruit et baptisé saint Just.

Ewarik, professant un zèle fanatique pour l'Arianisme, devint le persécuteur acharné du Catholicisme dans ses états. Déterminé à y anéantir l'Épiscopat Orthodoxe, il fit mourir les évêques fidèles (entre autres *Astidius*, *Astudius* ou *Attricius*, évêque de Limoges en 473, et exila *Exochius*). et défendit qu'on remplaçât ceux qui mouraient. Dès 474, Limoges, Bazas, Bordeaux, Auch, Eauze, Comminges, Javoulx, Nismes, Périgueux, Rodez, et plusieurs autres diocèses étaient sans pasteurs (1). Les temples étaient fermés et leurs toits tombaient en ruines, leurs portes étaient arrachées de leurs gonds ; l'entrée des basiliques était obstruée de ronces et d'épines, les troupeaux broutaient l'herbe qui croissait autour des autels

---

(1) Burdegalæ, Petrogorii, Rutheni, Lemovices etc., summis sacerdotibus morte truncatis, nec ullis deinceps in defunctorum officia suffectis latum spiritualis ruinæ limitem traxit etc., *Sidoine Apollinaire*.

déserts; les paroisses rurales étaient abandonnées, le clergé exilé, mille entraves gênaient l'exercice du culte dans les cités mêmes, où l'on n'osait plus qu'en secret, administrer les sacrements.

Cette grande hérésie, passée des Romains aux Goths, mélange de faste, de violence et de cruauté, avait un caractère sympathique à ces barbares. « Conscrits du
» dieu des armées, dit Châteaubriand, qui n'étaient que
» les aveugles exécuteurs d'un dessein éternel. De là
» cette fureur de détruire, cette soif de sang qu'ils ne
» pouvaient éteindre; je ne puis m'arrêter, disait Alaric,
» quelqu'un me presse. »

Ces barbares arrachèrent les arbres à fruit, rasèrent les édifices publics échappés aux flammes, et ramassèrent d'immenses trésors en enlevant les vases sacrés et les chefs-d'œuvre d'orfèvrerie si renommés à Limoges, dès avant la conquête des Gaules par Jules-César. Celui des Goths fut célèbre dans ces temps de pillage; il consistait en cent bassins remplis d'or, de perles et de diamants, soixante calices, quinze patènes et vingt coffrets précieux renfermant les saints Evangiles. Le *Missorium*, partie de ces richesses, était un plat d'or du poids de cinq cents livres, élégamment ciselé; on y voyait aussi une table d'une seule émeraude entourée de trois rangs de perles, soutenue par soixante-cinq pieds d'or massif, incrustés de pierreries, estimée cinq cent mille pièces d'or; ouvrages des habiles artistes de Limoges, dont le métal était fourni dès l'époque la plus reculée par les montagnes de l'Auvergne et du Limousin.

Ces vexations plus pénibles pour les laborieux habitants de Limoges, que pour toute autre population, furent aggravées lors de la mort de leur évêque *Rusticus*. Ewarik donna son siège à un Goth Arien, peut-être à *Aménius* qui manque dans plusieurs catalogues. Les Limousins ne voulurent pas le reconnaître, soutenus dans leur opposition par saint Just, disciple de saint Hilaire, ordonné prêtre par lui, qui refusa de lui succéder, et confessa la foi sous les hérétiques; il parvint à empêcher la promotion de l'évêque Arien; le diocèse de Limoges resta dix-sept ans sans pontife.

Androchius ou Exochius, homme lettré et de sainte vie, finit par être élu évêque.

A la mort d'Ewarik, les Limousins ne voulurent recevoir dans les murs de leur capitale son fils Alaric II, qu'à la condition qu'il leur retirerait l'évêque Arien et rétablirait leur véritable évêque, élu par eux, et exilé par son père. Alaric vainqueur des Aquitains à Carcassonne, vint de là assiéger la cité de Limoges défendue par le comte Jocundus; Exochius, l'évêque banni, bravant tous les dangers, vint se jeter dans les murs de cette ville pour ranimer par ses exhortations le courage de ses habitants; mais Limoges ayant été forcée de se rendre au roi Visigoth, l'évêque et Jocundus prirent a fuite, le fils de comte, le jeune Arédius (Saint-Yrieix) fut emmené en captivité; Alaric conquit toute l'Aquitaine jusqu'à la Loire. Ce roi, pour perpétuer sa victoire, frappa à Limoges une médaille d'or à son effigie, ayant une victoire au revers, avec ces deux légendes † ALARICVS. REX. — LEMOVICVM PIVS.

Les Aquitains demandèrent la protection de Clovis, roi chrétien des Francs, contre l'oppression et la tyrannie d'Alaric.

Les efforts d'Ewarik pour asseoir l'Arianisme sur les ruines de l'Orthodoxie avaient rendu tous les évêques gaulois ennemis mortels du gouvernement Visigoth; ces évêques avaient un crédit absolu sur les populations.

Clovis, excité par les prières du Limousin Vedastus (saint Waast), qu'il avait fait évêque d'Arras, se rendit aux vœux des Aquitains, et fit un traité avec Alaric, lequel n'y resta pas fidèle puisqu'il fit massacrer Exochius au sortir du sépulcre de saint Martial, où cet évêque s'était introduit en habit de pèlerin pour vénérer les reliques du saint Apôtre; le corps du saint martyr soustrait à ses bourreaux, Goths et Ariens, fut enterré plus tard, dans l'église de Saint Martial; Fortunat de Poitiers a immortalisé cet illustre prélat dans ces vers du livre 4, (1) où il montre le pieux pontife revenant de l'exil pour visiter les temples de son pays; sa grande foi, dit-il, le conduisit au ciel, récompense de ses travaux; après avoir par sa sage direction porté remède aux maux, et aux

---

(1) *Templorum cultor remeans...*
Hunc quoque pro meritis vexit ad astra fides.
..... Moderamine cives.
Vulneribus patriæ fida medela fuit.
Qui tria lustra gerens in pontificatus honore.
Pergit ad antiquos, plebe gemente, patres.

blessures de son pays, pendant l'espace de trois lustres, il mourut emportant les regrets de tout son peuple.

Les monuments historiques prouvent qu'en haine des Visigoths Ariens, les évêques catholiques appelèrent et favorisèrent l'invasion de Clovis en Aquitaine; ce monarque pour le punir de sa perfidie et de sa cruauté vint livrer bataille au roi Visigoth non loin des bords de la Vienne, et le battit complètement dans les plaines de Vouillé.

Clovis victorieux entra avec son fils Thierry dans la ville de Limoges, y rétablit l'autorité du comte *Jocundus*, et Rorice ou Rurice Ier, d'une illustre famille patricienne de Rome, *Anicia*, fut élu et installé comme évêque du diocèse.

Certaines chroniques manuscrites mettent à sa place le célèbre Ferréol, homme d'une grande naissance et d'une haute piété.

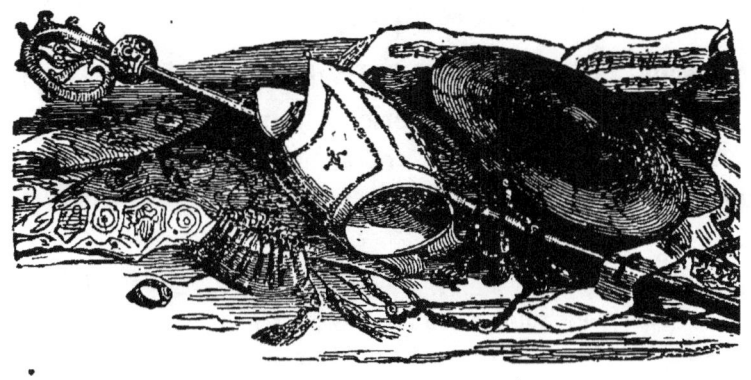

I.

Fondation de Saint-Pierre, détails historiques.

Les Limousins respirant enfin sous un prince de leur foi, relevèrent les murailles de leur ville et rebâtirent leurs maisons. Rorice Ier, pour réparer les ruines qu'avait accumulées la longue et sanglante domination des Visigoths Ariens, fonda à Limoges l'Abbaye de Saint-Augustin, et le Couvent des Saints Amand et Junien à Commodoliacum; commença, en l'an 507, à construire dans sa ville épiscopale, *ville murée*, sous le vocable de saint Pierre apôtre, une église, qui ne fut finie qu'en 534, la dernière année de son épiscopat, ou sous la Ire de celui de Rorice II, *Proculus* son neveu ou petit-fils, et son successeur. Saint Fortunat de Poitiers, dans son épitaphe en vers latins des deux Rorice, attribue au premier la fondation de Saint-Pierre, et au second celle de Saint-Augustin

Par ce distique :

> Tempore quisque suo fundans pia templa patroni,
> Iste Augustini, condidit ille Petri.

Traduit ainsi par le père Bonaventure de saint Amable :

> Et l'oncle et le neveu sont alliés de lignage
> D'esprit, d'actes, de noms, d'espoir et d'avantage.
> L'un à saint Augustin dresse un temple pompeux,
> L'autre à Pierre l'Apôtre ; et d'un destin heureux,
> Se disputent la gloire, etc.

Rorice fut puissamment secondé, dans la construction de cet édifice religieux, par le zèle et les secours des habitants dont la persécution n'avait fait qu'enflammer la foi chrétienne, et qui témoignèrent en cette occasion de leur gratitude envers le Tout-Puissant qui les avait délivrés des Visigoths et des Ariens.

Pour distinguer cette église de celle de Saint-Pierre-du-Sépulcre, fondée par saint Martial, et qui renfermait le tombeau du saint évêque de Limoges, on lui donna le nom de Saint-Pierre-du-Queyroix, de *quadruvio* ou *quadrivio*, mot latin qui signifie carrefour à quatre voies, et devint au moyen-âge, *cairohensis*, *caroensis*, *cairogensis*, en vieux français *querroy* ou *quarroi* (Rabelais) dans les vieux titres, on dit souvent tout le *queyroix* de saint Pierre. La place de Saint-Pierre est en effet située à l'entrée de quatre rues, celle du Collége ou Lycée, les rues Rafilhou et Fourie, et la rue Mire-Bœuf. On vient d'en percer une cinquième, la rue *Dalesme*.

Cette église fut bâtie sur pilotis, irrégulière dans sa forme et défectueuse dans sa lourde architecture, sans doute à cause de la reprise des travaux de sa construction à des époques diverses et éloignées. Abbaye vers 898 et monastère en 1031, sa communauté fut approuvée en 1428, elle était composée de 34 prêtres, réduite à 18 places en 1531.

Un des évènements historiques les plus remarquables qui concerne Saint-Pierre, se lit en ces termes dans nos chroniques manuscrites ; nous voulons parler du sacre ou couronnement de Henri-le-Jeune, dit au *Court-Mantel*, roi d'Angleterre, comme duc d'Aquitaine.

« Les habittans creignans les menaces du roy (Henri-
» le-Vieux) furent fort estonés et furent par le vicomte
» solicités a faire homage a Henri-le-Jeune de la duché
» daquittaine, lequel bien les deffendroient. Alors con-
» sidérant que la plus grande partie de leurs murailhes
» tumboient par terre, et d'autre, sy les garnisons les
» quittoient a faute de faire le serment de fidellité du
» dit homage dépourvus de secours ilz seroient en
» danger destre pilhiez et de tumber ez mains de leurs
» ennemy mortel, lequel nauroit aulcune pitie deulx. A
» ceste cause les consulz firent le serment de fidellité
» et dhomage a Enry-le-Jeune, du chasteau c'est-à-dire
» de la present ville de Lymoges, et dans leglise de
» sainct Pierre du Queyroix de la present ville, le tenant
» pour duc daquittaine, luy promettant secours de corps
» et biens. »

Au commencement du siècle suivant, l'an 1226, Saint-Antoinc-de-Pade ou de Padoue, étant venu à Limoges établir son ordre des Cordeliers de saint François, prêcha dans la chaire de cette église de Saint-Pierre-du-Queyroix. Nos annales ont consacré le souvenir de plusieurs miracles de ce saint, entre autres, celui d'avoir été à la fois dans la chaire de Saint-Pierre à Limoges, et dans le chœur de son couvent, où il avait oublié de se faire remplacer pour lire sa leçon à l'office du Jeudi-Saint.

Ces deux citations historiques réfuteraient l'opinion de ceux qui placent la consécration de cette église en 1454, époque où elle fut réparée et peut-être bénite de nouveau, si le style de son architecture ne démontrait suffisamment sa haute antiquité ; les diverses dates inscrites sur la façade établissent qu'elle eut besoin d'importantes et fréquentes réparations ; en l'an 1517, fut refaite la grande voûte de la nef depuis le grand portail jusqu'au maître-autel.

L'inscription placée sur la porte du sépulcre, avec la figure en relief d'un prêtre *communaliste* de Saint-Pierre, revêtu du costume de ces ecclésiastiques, 1548, *Dounet l'evesque de Bethleem quarante jours de vray pardon*, *Pater N. Ave*, M... coupée par une tête de mort en relief, semble indiquer pour cette époque la reconstruction de la porte de cet ossuaire.

La dame Paule Audier, épouse de Mathieu Benoist, revenant de son pèlerinage à la Terre-Sainte, fit élever à droite de la chapelle des *Benoist*, près la porte septentrionale, dite de la synagogue, un monument représentant le tombeau de Notre Seigneur Jésus-Christ, en 1421 ; elle mena de Venise le maître sculpteur qui le *tailla* et en apporta le dessin. Paule Audier y fit graver ses armes mi-parties de celles de son mari.

Paule Audier descendait de Pierre Audier, sénéchal de la Marche, dont la famille était originaire d'Angleterre : Barthélemi Audier, prieur de Dun et 50e abbé de Saint-Martial, son frère ou proche parent, vivait vers 1450.

On remarquait aussi à cette même porte une gigantesque statue de saint Christophe, dont la sculpture était estimée. Cette statue se voyait près du premier pilier à droite en entrant dans l'église, non compris celui qui était masqué par la galerie de l'orgue et le banc des *Amiers*. Saint Christophe tenait à la main un tronc d'arbre en guise de bâton, il portait Jésus-Christ sur une épaule, le Christ soutenait un globe. On sait que le peuple a été pendant plusieurs siècles dans la persuasion que la vue seule d'une figure de saint Christophe garantissait des maladies contagieuses et de la mort subite. Voilà pourquoi on plaçait à la porte des églises ces énormes statues, afin qu'elles fussent vues de tout le monde. On la plaça ensuite en face du *monument*.

Lors des travaux du XVIe siècle, une célèbre confrérie établie depuis le XIIIe dans cette église, dont nous parlerons plus tard, la confrérie *du Sacré Corps de Dieu*, appelée ensuite du Saint-Sacrement, contribua pour une partie de la dépense, et l'achat de cloches; nous lisons dans le registre manuscrit sur vélin des comptes-rendus de ses bayles, qu'elle vendit *deux images d'anges* d'argent pesant dix marcs cinq onces, et autres joyaux
« pour estre convertis et employés à la reparation et
» fasson de troys grands cloches neufves et faire aultres
» reparaon et augmentaon de la dicte esglize, et les
» fabricqueurs de la dicte esglize ont promit faire mectre
» et poser devant laultel des unze mille vierges ung
» candelabre de cuyvre, et oblige les biens de la fabricque
» et se sonct soumis au sénéchal du Limousin au siége
» de Limoges et viscomté du dict Limoges, devant le
» notaire Pierre Mouret garde du scel du dict seigneur
» viscomte, le jour de monsieur Samit Marc. »

Les bayles firent faire aussi au sieur Pierre Veyrier,

l'aîné, orfèvre émailleur, deux images en émail des apôtres saint Pierre et saint Paul.

Ils payèrent à Martial *Gardeau*, couvreur, pour la toiture de la sacristie, deux journées à dix sous, et deux à son ouvrier à sept sous six deniers, plus 200 *tibles* ou tuiles, à treize sous six deniers le cent ; que nous mentionnons ici comme point de comparaison avec le coût des journées actuelles.

Nous pensons que la représentation d'un saint sacrement de forme antique qui se voit encore dans un cadre quadrangulaire sur la façade de Saint-Pierre près de la tribune des Pénitents blancs, est un souvenir du secours prêté à l'église par cette confrérie.

Nous trouvons dans le même registre que les doyens et chanoines du chapitre de l'église de Limoges, *nestané asseurés en la cité sestoient retires dans la dicte ville et faisoient le service divin en la dicte esglize Saint-Pierre le continuant jusques à la fin du mois de may* (1575) *que l'edict de pacification fust publié, et que apres les cure et prebstres desservants en la dicte esglize ne vacquoient comme ils avoient accoustumé, etc.*

Le vénérable *Bardon-de-Brun*, avocat d'abord, puis prêtre, mort en odeur de sainteté le 19 juin 1625, fut enterré à Saint-Pierre, sous une arcade, au bas du clocher. Une urne qui renferme ses reliques et celles du vénérable Lamy, patriarche de Jérusalem, est placée de nos jours, dans la chapelle des Pénitents noirs, confrérie qu'il fonda à Limoges sur le modèle de celle de Toulouse. Les écoliers avaient autrefois grande dévotion au bienheureux Bardon, et afin d'être mieux inspirés dans leurs compositions allaient frotter de la poussière de son tombeau le papier qui devait leur servir en classe.

Nous ne devons pas oublier un des traits qui font le plus d'honneur au clergé de Saint-Pierre, nous citons encore le registre de la confrérie du Saint Sacrement. — Pestilence notable en l'année 1631.

« L'esglize parrochiale de Saint-Pierre et celle de Saint-
» Michel *seulles* subsistèrent dans le danger faisant actuel-
» lement le service et dung bon nombre de pretres,
» partie desquels sen estoient fuis a la campagne et
» partie (desquels la memoire est en benediction) de-
» meurerent dans le conflict et trouverent la leur tom-
» beau dans cette desolation publique. Messires *Simon*
» *Fournier* et *Leonard Falot* pretres dicelle esglize de
» Saint-Pierre sexposerent volontairement comme victimes
» pour le publict et rendirent de bons offices a venerable
» M. Messire *Balhazard de Douhet, prevost* des *Seychéres*
» et curé de Saint-Pierre, pour lors à Paris, en qualité
» de vicaires et pour la direction des sacrements. La
» maison de *santé* ainsi appelée par antiphrase, et les
» Huttes estoient à la Maison-Dieu, plus pestiférées
» d'elles mesmes que la peste même, nos casuettes et
» cabanes des Vignes formilloient de pestiférés et chaque
» vigne servoit de parterre sacré et de cimetière à ses
» hoptes. Lymoges fut désertée après pasques sans res-
» pect aulcun de nos sainctz tutelaires et de l'ostension
» jubilaire. Vray est qu'on ne trouva plus Lymoges
» dans Lymoges. »

Les bayles de la confrérie du Saint Sacrement, dit toujours le registre « ont deposite et donné en garde à
» MM. messires Simon *Fournier* et Leonard *Falot* pretres,
» le thrésor par estat et conformément à leur inventaire
» pour iceluy rendre et représenter toutes fois et quantes
» solidairement. »

Ces deux héros de l'humanité ne prodiguèrent pas seulement à leurs paroissiens urbains les secours de leur admirable charité spirituelle et corporelle, ils allèrent administrer les consolations de la religion au-delà de Beauvais, maison de plaisance des abbés de saint Martial, dans les villages de Bellegarde, l'Age, Gâte-Soleil, les Landes, à droite de la route de Saint-Junien, et dans ceux du Coudert, du Masloge etc., à gauche de la même route ; c'est ce qui explique pourquoi la paroisse de Saint-Pierre se prolonge si loin en traversant celle de Saint-Michel : ces villages en reconnaissance des secours spirituels que leur portèrent au temps de la contagion, les deux dignes vicaires de Saint-Pierre, demeurèrent à cette paroisse. Le *Coudert* et le *Masloge* payaient la dîme au curé, fournissaient les cordes du clocher, et jouissaient de la liberté de sonner toutes les cloches à l'enterrement de chaque individu des deux villages.

II.

Curés, Vicaires et Communaliste. — Ornements, Vases précieux et Reliquaires. — Reliques. — Chaires, Orgues, Vitraux. — Anciennes chapelles.

La nomination de la cure de Saint-Pierre, dépendait dans le principe, du chapitre de Saint-Martial. Ce fut en 848, sous l'épiscopat de *Stodile*, époque à laquelle les chanoines, ou plutôt les gardiens du sépulcre de saint Martial, embrassèrent la règle de saint Benoit, que la nomination en fut dévolue à l'ordinaire.

On lit dans une pancarte latine du diocèse de Limoges, *capellanus ecclesiæ sancti Petri de Quadruvio urbis Lemo-*

vicensis, debet pro pensione episcopo in synodo Paschæ, sex libras. Le chapelain de Saint-Pierre-du-Queyroix, au synode de Pâques, doit à l'évêque, etc., six livres.

Son clergé se composait : 1° du curé, à la nomination de l'évêque ; 2° de dix communalistes, anciens curés, ou prêtres, enfants de la paroisse ; 3° de quatre vicaires, en titre et quelques honoraires ; 4° de prêtres habitués ; 5° enfin, de vingt à vingt-cinq clercs tonsurés, étudiants au collége ; ils étaient exercés aux cérémonies par un des vicaires. Saint-Pierre était la première paroisse du diocèse et de la ville ; outre les offices propres à toutes les paroisses, on pouvait dire que cette église était celle où l'on officiait le mieux et à l'égal du séminaire.

Le revenu du curé se composait de quelques dîmes affermées six cents livres, de deux portions de communalistes, et des *oblations*, qui, à raison de la quantité de cire, étaient fort importantes.

Les communalistes avaient presque tout leur revenu en rentes ; ce revenu était perçu par l'un d'eux, en qualité de syndic, et partagé ensuite en douze parties égales. Il fallait, outre la naissance et le baptême reçus dans la paroisse, dix ans de prêtrise pour être communaliste ; cependant on commençait à déroger à cette dernière condition en faveur des vicaires, s'il se trouvait quelque place vacante, et qu'il ne se présentât pas d'anciens prêtres.

Les vicaires avaient soixante livres de traitements que leur donnait le curé, et le casuel qui ne montait jamais à cent livres ; on tenait plutôt à ces places par honneur que par intérêt. Les vicaires honoraires avaient l'expectative, et ne touchaient que le casuel.

Saint-Pierre, était très-riche en ornements et en argenterie, possédait deux ostensoirs; *l'ancien*, dont la base était un quadrilatère représentant les murailles élevées de Jérusalem, crènelées et flanquées de quatre tourelles aux angles, qui servaient de poignées pour poser le Saint-Sacrement; dans son enceinte était le sommet d'une montagne, au centre d'un rocher était placée la lunette pour la sainte hostie; la montagne était surmontée de trois croix, celle de N. S. d'environ 7 à 8 pouces, les deux autres, des deux Larrons, plus petites; le tout en argent doré, servait les jeudis et 3e dimanches.

Le second, d'un ouvrage moderne en argent, était d'un volume et d'un poids considérable; sur le devant flottait un gros bouquet d'épis et de raisins; il avait été fabriqué par M. Blanchard orfèvre, place Saint-Pierre, à son retour de Rome, où il avait été se perfectionner dans son art. Six énormes chandeliers d'argent massif de près de cinq pieds de hauteur, figuraient avec l'ostensoir aux jours de solennités; ils étaient aussi l'œuvre du sieur Blanchard.

L'ostensoir actuel en argent haut de 90 centimètres, fut acheté au commencement de ce siècle, chez M. Paraud, orfèvre de Limoges, fixé à Paris; la confrérie du Saint-Sacrement l'a fait dorer à ses frais, il a coûté 1800 fr. d'achat et 600 fr. de dorure, c'est un magnifique soleil; il est orné à la croix et à la couronne, de pierres brillantes, la cène et l'agneau sur un livre aux sept sceaux, sont ciselés aux deux faces du piédestal, saint Pierre et saint Paul sur celles de côté. Des têtes d'anges entourent la gloire. Saint-Pierre possède encore une ancienne custode en vermeil, ornée d'anges et de trophées de calices et autres vases sacrés, des paix d'argent ciselés aux effigies des saints Pierre et Paul, un beau vase d'argent à eau bénite, ciselé, du dix-septième siècle, donné par la famille Pétiniaud Champagnac.

On peut voir dans le vieux régistre de la confrérie, les dessins coloriés des riches joyaux qu'elle prêtait à la fabrique pendant toute l'Octave de la Fête-Dieu, ils sont peints par nos célèbres émailleurs, Pierre Raymond et Léonard Limousin, et dignes de leur réputation.

Une croix en vermeil de 45 centimètres, ayant deux traverses, toute garnie de pierreries, d'un travail gothique, était portée par le sous-diacre, lorsqu'il allait à l'autel, et servait à donner la bénédiction solennelle après chaque grand'messe.

Le sanctuaire était entouré d'une galerie à balustres de cuivre; le devant en était garni de quatre grands candelabres du même métal; un ange suspendu horizontalement en face du Saint-Sacrement, tenant un chandelier à la main, remplaçait la lampe aux offices des fêtes annuelles.

Un précieux reliquaire en vermeil, très-ancien, avait été donné à Saint-Pierre, lors de la distribution des richesses du trésor de l'Abbaye de Grandmont. C'était un présent d'Amaury, roi de Jérusalem : il était couvert de pierreries, et formé par un long parallélogramme élevé sur une tige à pied rond, dont deux traverses renfermaient des fragments des croix de saint Pierre et de saint André; la portion de la vraie croix enchassée dans l'intérieur, faisait de ce reliquaire, suivant Ducange, un des plus rares et des plus considérables que la France possédât de son temps. Saint-Pierre avait dans son trésor une grande custode en vermeil, donnée par les bouchers;

une croix processionnelle, des encensoirs, vases pour l'eau bénite, des bâtons de chantre tout en argent, des ciboires, calices en vermeil, et les livres des évangiles et des épîtres couverts de lames d'argent dorées.

Deux *Paix* ou *Pax tecum* également encadrés d'argent représentaient saint Pierre et saint Paul, peints en émail par le fameux Léonard Limousin, valet de chambre et peintre émailleur du roi François Ier.

<=>

Cette église était aussi fort riche en reliques ; le corps de saint Nice disciple de saint Pierre et de saint Martial était placé sous le maître-autel ; elle possédait dans un buste d'argent doré, un ossement du derrière de la tête de saint *Jean-Baptiste*. Dans une châsse de cuivre *surdoré*, le corps de saint Rustique martyr, et son chef dans des coupes d'argent, portés de Rome l'an 1664. A cette occasion on fit une ostension de 8 jours, le 20 juillet de cette année. Elle possédait aussi un reliquaire d'argent doré contenant du foin de la crèche de N. S., des fragments de son tombeau et de celui de sa sainte Mère. Des os de saint Nicolas, de sainte Magdeleine, deux os des saints Innocents, un os et une côte de saint Pierre, deux os de saint André, un de saint Paul, trois de sainte *Apollinaire* martyre, deux cailloux du supplice de saint *Etienne*, dans un reliquaire en bronze surdoré.

Une effigie de sainte Catherine en argent doré renfermant un de ses ossements ; une effigie du même métal, de sainte *Marguerite*, dans laquelle sont enfermés une dent de cette sainte et un os de sainte *Apollinaire* ; dans un reliquaire du même genre une relique de saint *Fiacre* ; un bras surdoré où se trouvait un os de saint *Antoine* ; dans un reliquaire d'argent un morceau de la tunique de saint *François-d'Assise*, et dans un coffret émaillé, un fragment de la chemise de sainte *Valerie*, tachée de sang et des linges de saint *Augustin* ; un reliquaire d'argent, sur lequel on lisait : *Guill. Dinemati me douna l'an M.* cccxx (1320). Enfin, une croix d'argent au milieu de laquelle était un petit fragment de la vraie croix. Tous ces vases précieux par leur matière et leur travail, les croix, les reliquaires, etc., furent la proie de deux officiers municipaux en 1793, qui étaient orfèvres ; ils les confisquèrent et les fondirent.

On porta aussi à la monnaie le 6 avril, même année, d'après le procès-verbal que nous avons sous les yeux, une plaque de cuivre enlevée au deuxième pilier de la porte de Saint-Pierre, deux dites grande et moyenne de la chapelle de sainte Claire, un bénitier en cuivre près le tombeau, trois plaques de cuivre, deux grandes, une moyenne, de la chapelle de saint Léonard ; cette plaque de la chapelle de saint Léonard portait l'inscription latine consacrée par Martial *Benoist*, à son frère Pierre *Benoist*, archi-diacre de l'église de Limoges et abbé de Saint-Augustin (les Bénédictins), l'un des plus célèbres prédicateurs de son temps, et catéchiste de Henri IV ; qu'on dit être mort empoisonné à Tours par les Calvinistes, à l'âge de 28 ans, le 22 septembre 1596. Il s'était rendu à Saint-Denis le 22 juillet 1593, pour se joindre aux autres Docteurs, avec lesquels le roi entra en conférence ; à la suite de cette longue inscription en prose, qu'on peut lire dans la biographie *des hommes illustres* de MM. Vitrac, Arbellot et Duboys, étaient gravés douze vers élégiaques composés par J. de *Beaubreuil*. Trois dites moyennes au pilier le plus près de l'autel à droite, une de ces trois plaques devait contenir l'inscription du sieur de *Masset*, lieutenant du comte des Cars, gouverneur du Limousin, tué à la bataille de la Roche-l'Abeille, et inhumé à Saint-Pierre-du-Queyroix, aux tombeaux des communalistes devant notre *Dame-la-Joyeuse* : une autre sur une tombe. Une petite à l'autel de saint Roch, deux sur une tombe à l'autel de saint Thomas, au premier pilier à droite en entrant dans le chœur, une plaque moyenne, une semblable près la porte, à un tombeau.

Sous l'orgue, plaque ronde, dans la chapelle des chaises, plaque moyenne; devant le maître-autel, quatre grands chandeliers de cuivre et quarante-trois barreaux formant la balustrade. Ce procès-verbal, signé d'un des commissaires municipaux et orfèvres, peut donner une idée du nombre de personnages importants enterrés dans cette église. A la plaque de la sépulture de Mérigou-de-Massé, capitaine de 50 hommes d'armes, tué en 1569, il faut ajouter celle de Siméon Duboys, qu'on lira, page 29, à la fin de ce chapitre.

Il reste encore à Saint-Pierre, les chefs de saint *Clément*, de sainte *Elisée*, de sainte *Orthmarie*, des reliques de saint *Léonard*, etc. Le chef de saint *Rustique* est aujourd'hui à Sainte-Marie.

Nous ne dirons rien du maître-autel actuel en tombeau de marbre rouge veiné et encadré de marbre blanc, surmonté de dix colonnes du même marbre cannelées, il appartenait aux religieuses Carmélites, avant la révolution.

La chaire actuelle est du même genre qu'était l'ancienne, chaque plaque de marbre était entourée d'un bel encadrement avec guirlandes et de têtes d'anges en relief. Au-dessus de la chaire s'élevaient des gondoles également sculptées en relief jusqu'à la frise du pilier qu'elles entouraient en partie; le cul-de-lampe non moins bien travaillé, allait toucher la base du pilier; le tout très-bien doré.

L'orgue était au-dessus de la porte en face de l'autel. L'intérieur de cette église étant en général mal éclairé, on a détruit successivement les vitraux coloriés qui l'ornaient, entre autres une fort belle verrière au-dessus de la porte percée du côté du collége ou du presbytère d'alors, qui représentait le ciel ouvert, les trois divines personnes de la sainte Trinité, dans le haut et successivement en descendant, la sainte Vierge, saint Jean-Baptiste, les apôtres, les martyrs, les saints docteurs, les vierges et autres saintes.

Il ne reste que le vitrail placé au-dessus de l'autel de Notre-Dame-de-Lorette sur une des portes de la sacristie, où sont peints en couleurs d'un éclat admirable, la mort de la sainte Vierge, entourée des apôtres, et l'apothéose de Marie, vêtue d'un riche manteau et couronnée de la main de Jésus-Christ son fils, assis près de son père dans un palais étincelant de pierres précieuses.

Un crucifix (1) peint sur une fenêtre de la tribune des pénitents blancs, mérite aussi l'attention des curieux, il doit être l'œuvre d'un peintre-verrier Espagnol, qui a représenté au pied de la croix deux soldats revêtus du costume de sa nation.

Nous croyons devoir conserver dans la présente notice l'ordre des chapelles de Saint-Pierre, avant la révolution.

Notre-Dame-de-la-Joyeuse, touchait à la porte de la sacristie, du côté de l'épître, au-dessous du beau vitrail

---

(1) Il est aussi digne de remarque, en ce qu'il a les pieds liés avec une corde, au lieu d'être fixés sur la croix par un ou deux clous.

consacré à la mort et à l'apothéose de la sainte Vierge. C'était la chapelle de la *communauté des prêtres*, on s'y rendait les dimanches où le Saint-Sacrement n'était pas exposé, pour y chanter, après vêpres, l'antienne à la Vierge ; on l'appelle aujourd'hui *Notre-Dame-de-Lorette*.

La chapelle de saint Roch et de saint Sébastien, venait ensuite à droite, à la place où est aujourd'hui celle de saint Vincent-de-Paule ; elle était affectée à la confrérie des deux saints Roch et Sébastien. Le jour de la fête du premier, sa statue y était portée, on y exposait le Saint-Sacrement dès le matin ; on y chantait une grand'messe, à sa fête, sermon et bénédiction ; point de cérémonies dans l'après-midi, le lendemain service pour les confrères défunts.

Chapelle de Saint-Thomas, adossée au pilier en face. C'était à cet autel qu'était fondée la messe *matutinale* à laquelle il y avait tous les jours un nombreux concours d'artisans ; c'est aujourd'hui celle de *Saint-Léonard*.

Chapelle de Saint-Eustache, au pilier suivant. On y remarquait une statue de ce saint, ne sachant auquel de ses enfants porter secours, entraîné qu'était chacun d'eux par une bête fauve ; on y a placé de nos jours *Notre-Dame-de-Pitié*.

Notre-Dame-des-Agonisans occupait à peu près la même place que la chapelle actuelle sous la même invocation. Une confrérie du même nom en célébrait la fête, le dimanche avant l'Assomption de la Vierge, par une exposition du Saint-Sacrement du matin au soir, vêpres, sermon, procession dans l'intérieur de l'église, avec station à cette chapelle, comme cela se pratiquait tous les troisièmes dimanches ; la bénédiction terminait la cérémonie.

Dans une niche de la chapelle actuelle, on vénère une ancienne statue de la Vierge, sculptée au moyen-âge, en albâtre jauni par le temps.

Près de la porte de la sacristie, du côté de l'évangile, était la chapelle de Saint-Rustice ou Rustique, martyr; derrière le tableau qui la décorait étaient fixées des grilles au travers desquelles on pouvait voir la modeste châsse en cuivre argentée, où reposait le chef de ce saint. Le mardi de Pâques, les membres de la confrérie de ce nom, à la suite desquels marchait un vicaire en étole, allaient à la procession générale des reliques qui avait lieu à la collégiale de Saint-Martial; ils défilaient les premiers portant la châsse du patron de cette confrérie, séparés du reste du clergé, qui avait le pas sur les autres paroisses comme appartenant à la *première* du diocèse.

Au-dessus de la porte même de la sacristie, on avait placé une belle statue de saint Jean-Baptiste, et la confrérie des bouchers, qui était sous l'invocation du saint *précurseur*, y faisait chanter une messe le jour de sa fête.

La chapelle du Crucifix occupe de nos jours l'emplacement de celle consacrée anciennement à saint Rustique.

La chapelle de Saint-Léonard, invoqué par les femmes en travail d'enfant, était un peu plus loin à gauche, où l'on voit aujourd'hui l'autel des pénitents *rouges* ou *pourpres de charité*.

Celle de Sainte-Claire, invoquée pour les maladies des yeux, joignait la porte latérale dite de la synagogue; le jour de la fête de cette sainte, se faisait une procession qui partait, une année de Saint-Pierre, une autre année de Saint-Michel. Cette procession avait été établie en mémoire de la découverte d'une trahison contre la ville, par un nommé *Gauthier-Roy*, de Leyterps, qui devait livrer aux soldats de Jean-de-l'Aigle, l'entrée des murs de Limoges : ce Jean-de-l'Aigle, de la maison de Bretagne, avait des prétentions sur la vicomté de Limoges. Cette procession fut supprimée longtemps avant la révolution.

A la place de l'ancienne chapelle de Sainte-Claire, on voit de nos jours celle des pénitens noirs ; devant son autel, le tombeau du *bienheureux* Bardon-de-Brun, fondateur de leur confrérie, dont l'urne s'aperçoit derrière une grille, au-dessous de son portrait, entouré de la légende : *in memoriâ œternâ erit justus*. Le Missel de ce saint prêtre, conservé dans la bibliothèque des Carmes *déchaussés*, passa dans celle des Filles-de-Notre-Dame de Limoges.

Une de ces plaques de cuivre portait l'épitaphe de Siméon Duboys, mort en 1581 et inhumé à Saint-Pierre-du-Queyroix.

Le texte latin en fut traduit par le poète Blanchon, en vers français :

« Arrête viateur, et te soit manifeste
Qu'un jour sera semblable ta condition,
J'ai vescu en honneur entre ma nation,
Lieutenant-général, né de lieu bien honeste,
En pays Limousin, où d'un devoir modeste,
En cause d'èquité, j'ai sans corruption,
A chacun dit son droict, et mon affection,
Ne fut pas d'augmenter, mais de peu faire queste,
Car pour mieux m'acquérir un honneur estimé,
Les lettres et lettres ai grandement aimé ;
Voilà ce que sans plus de moi tu pourras lyre,
Or vas à ton négoce et telle soit la voie,
En salut éternel, soit *Syméon Duboys*,
Qui voulut l'immortel, sur le mortel eslire. »

Jeanne *Dessenaut*, son épouse bien-aimée, lui fit élever ce monument. Siméon Duboys, était très-versé dans les langues grecque et latine. Il avait été l'élève de Jean *Dorat*, d'Adrien *Turnèbe*, et de *Duatin*; l'ami du président de Thou, Scévole de sainte Marthe, etc.

Le 3 mai 1582, le chapitre de l'église de Limoges députa deux chanoines pour assister à l'anniversaire funèbre de Siméon Duboys.

III.

Bénéfices appelés Vicairies. — Vieux livres de Chant ou de Prières de Saint-Pierre.

Les *vicairies* étaient des fondations pieuses qui constituaient certaines rentes en argent ou produits du sol, à charge de messes ou services annuels pour le repos des âmes des fondateurs ou de leurs parents. Comme ces institutions n'ont plus lieu de nos jours, que leur souvenir s'en efface de plus en plus, nous n'avons pas cru hors de notre sujet de citer quelques fragments des textes des testaments ou actes y relatifs, lorsque ces titres renfermaient des détails historiques et des noms de localités intéressantes, afin de donner une idée des formes de ces fondations et des conditions qu'elles imposaient.

Ces bénéfices multipliés par la dévotion des paroissiens, ajoutaient au casuel des vicaires de Saint-Pierre, qui n'avaient comme cela a été déjà dit, que soixante livres de traitement ; grâces à cette modeste aisance, le clergé était dispensé de prendre, ainsi qu'il y est forcé de nos jours, une certaine rétribution sur les services rendus aux fidèles à l'occasion des baptêmes, mariages et enterrements.

La plupart de ces *vicairies* étaient à la *collation* ou nomination du *recteur* (curé) de la paroisse, à l'exception de celles dont le fondateur désignait expressément le *collateur ;* c'était ordinairement un membre de sa famille qu'on appelait *patron laïque*, s'il n'était pas dans les ordres.

La plus ancienne de ces *vicairies* connue, avait été fondée dans la chapelle de Sainte-Marguerite à Saint-Pierre, par le chanoine de la cathédrale, *Guy Audouin*, avant le 4 juin 1339 ; le prêtre Pierre *Lagorse* en était *vicaire-syndic* et *bayle*, au mois de décembre 1523. Cette vicairie possédait des rentes nombreuses, entre autres, sur la maison de Jean Deschamps, *touchant* le collége; trois sétiers de froment sur une vigne située au Clos de la Croix des *Chanteurs*, sur diverses terres à *Auzette*, *Panazol*, etc.

La vicairie de Guy Audouin, fut réunie ou *fondue*, comme on disait alors, à celle des *Botines* qu'établit au même autel, Jeanne *Botin*, *Boutin*, *Botini*, *Bothon* ou *Boutineau*, fille de Pierre Botin et veuve d'Aymeric *Champanhol* ou de Martial *Molin*, pour un sieur *Roger* prêtre licencié, d'accord en cette fondation avec Mathieu *Botini*, Pierre *Molini* et Martial de *Banxis ;* d'autres prêtres en furent pourvus.

La vicairie des *Martels* et de *las Genestas*, sous patronage laïque, avait été fondée à la chapelle de *Notre-Dame-la-Joyeuse*, par Jehanne *Martelle*, héritière de Martial *Martelli* ou *Martelle*, archidiacre de la Marche, le 9 juillet 1403. *Relicte* ou veuve de Gérald de *Bonnebourse*, tailleur et garde de la monnaie de Limoges, elle affectait par son testament du 28 mai 1403, des rentes perpétuelles sur les domaines de la *Geneste* et *vieille Geneste*, situés au territoire de Cieux. Dans ce testament qui commence ainsi : (1) « Jehanne Martel, jadis épouse » de prudent et prévoyant homme, sieur Gérald de » *Bonnebourse* » etc. La testatrice consacre à la fondation, entre autres revenus, neuf quartes de seigle, mesure de Saint-Junien, qui étaient dues sur toute la ferme, *toto manso*, comme dîme à ses très-nobles prédécesseurs depuis Charles-Martel, *roi des Francs* ; rente qui remontait ainsi à l'an 730 et au célèbre père de Pepin-le-Bref, Charles le *Martel*, dont les *Martel* ou *Marteau* seraient descendants.

Les titulaires de cette vicairie, dont l'abbé Cogniasse a été le dernier vicaire, et qu'il desservait avant 1778, devaient célébrer trois messes par semaine, pour la mémoire de sa fondatrice. Aymerie *Marteau*, de la même famille, dont le nom se francisa par la suite, ajouta à ses revenus.

La vicairie dont les titres nous ont offert le plus de développements, est celle qui portait le nom de la *Pucelle* ou des *Veyriers* ; nous en devons la communication à l'obligeante confraternité de M. Gustave de Burdin, archiviste du département, ainsi que d'autres titres.

(1) Johanna *Martella*, quondam prudentis et providi viri Geraldi de *Bona bursa*, etc.

2..

Il est à croire que ce nom de la *Pucelle* lui fut donné en souvenir de Jeanne d'Arc, puisque cette vicairie commença vers le temps où cette pieuse héroïne s'acquit une gloire immortelle; on lit en effet dans un acte du 16 juin 1507, que cet établissement était déjà ancien; Jeanne *Dupeira* voulut peut-être aussi rendre son nom plus durable en mettant sa religieuse fondation sous le glorieux patronage de la vierge, qui venait de donner une nouvelle illustration à ce nom.

Voici un extrait de cet acte : « Que comme *autrefois*,
» honeste et sage *Jehannette Dupeira*, femme de discrète
» persone, Pierre *Veyrier*, bourgeois et orphèvre du
» chasteau de Limoges, pour lors veufve de jadis discrète
» persone, Martial *Audier*, bourgeoys et marchand de
» Limoges, tant pour son salut, que pour celuy du dict
» Martial *Audier*, vivant son mary, et de Pierre *Audier*,
» leur fils naturel et légitime, et des âmes de leurs autres
» parents et amis, ont institué et fondé certaine vicquairie
» perpétuelle en l'esglize parrochialle *Monsieur* St-Pierre
» du Queyroir; et servable à l'autel N. D. *la Joyeuse*,
» par un des prebstres estant de la communauté de la
» dite esglize, soubz la charge de trois messes, etc....,
» de laquelle vicquairie elle auroit retenu et réservé à
» soy durant sa vie, la présentation, et après son décès
» à Barthélemy Audier, apothicaire et à ses hoirs et
» successeurs; et la *collation* au *recteur*, curé de la dite
» esglize parrochialle de St-Pierre; et puis après pour
» certaines causes à ce emouvant son courage, changeant
» sa volonté devant l'interposition de la dite vicquairie
» décrétée, *eù* et veut dors en avant qu'advenant la vaca-
» tion de la dite vicquairie, la présentation ou droit de
» patronage après le décès de la dite Jehannette, soit
» et appartienne au dict susdict Pierre *Veyrier*, son mary,

» et aux enfants du dict Pierre Veyrier, ses hoirs, suc-
» cesseurs, descendans à l'avenir en sexe masculin des
» dicts enfants mâles, toutes fois à l'ayné ou plus ancien
» des dicts hoirs ou successeurs qui seront pour lors;
» ce néanmoins que tant la dicte Jehannette que le dict
» Pierre Veyrier, son mary, que ses hoirs et succes-
» seurs à l'avenir en sexe masculin, l'ayné toutes fois
» ou plus ancien des dicts hoirs puisse présenter *un*
» *prebstre ou clerc tonsuré régénéré toutes fois ès fontz*
» *baptismales de la dicte esglize de St-Pierre du Queyroir,*
» *combien qu'il ne soit de la communauté de la dicte esglize,*
» *pourvu que s'il est clerc tonsuré, qu'il soit tenu de se*
» *faire promouvoir au saint ordre de prebtrise, dans un*
» *an, autant que la vicquairie sera estimée vacquer à cause*
» *de cela.* Que si par la puissance octroyée au dict pa-
» tron d'en présenter un autre, la dicte Jehannette aura
» davantage voulu et veut que en cas que celuy qui sera
» pour lors vicquaire de la dicte vicquairie, sera négli-
» gent à la servir suivant la fondation d'y celle, et qu'il
» ayt délaissé quelques messes de la dicte viquairie, que
» les prebtres de la communauté sus dicte puissent com-
» mettre pour les celebrer un d'entr'eux qui célébrera
» ou fera célébrer les dictes messes que le dict vicquaire
» aura délaissées, et pourra pour chascune des dictes
» messes percevoir et lever *deux sols six deniers tour-*
» *noys*, monnoye courante des fruits de la dicte vic-
» quairie; aux dépens du dict vicquaire, en outre sera
» tenu le dict vicquaire de la vicquairie qui pour lors
» sera, de donner et payer aux prebstres de la dicte
» communauté, chacune année des fruits de la dicte
» vicquairie pour leurs peines et labeurs qu'ils auroient
» pour avoir la garde et le soin, tant envers le service
» divin que les biens de la dicte vicquairie, *vingt sols*

» *tournoys*. Davantage sera tenu le dict vicquaire de faire
» chaque année et le *douzième jour du mois de mars*, un
» anniversaire par les dicts prebstres de la dicte commu-
» nauté pour l'âme du dict feu *Pierre Audier*, vivant son
» fils, et de ses parents et amis ; et donner et délivrer à
» chacun des dicts prebstres de la communauté, *un pain*
» *et une quarte de vin*, du vin croissant en certaine vigne
» de neuf journeaux cy-dessous mentionnée, laquelle vic-
» quairie la dicte Jehannette auroit fondée des rentes, cens
» et revenus cy-dessous mentionnés et déclarés. Pre-
» mièrement, deux septiers de froment de cens sur cer-
» taine vigne située au clos de las *Audoueynarias* (au-
» jourd'hui Beaupeyrat) de la paroisse de *Soubrévats*
» (Sainte Claire). Tenue maintenant par les R e... des
» frères prescheurs de Limoges, avec la dixme de la
» dicte vigne, *item* sur une autre vigne ou pré des
» *Audiers*, au même clos, sur autre vigne au même clos
» tenue par *Patisson* dit *Jean qui chante*, autre au clos
» du *Puy-de-Bellegarde*, contenant deux septérées de terre
» ou neuf journeaux d'homme ou d'ouvrier, sur une
» maison située devant le *Trépied* ou *l'Andaix du vieux*
» *marché* (carrefour du poids du roi, à l'entrée sud de
» la boucherie), sur un pré venant des hoirs de feu
» Louis *Benoist*, bourgeois, situé au clos de la *Chétardie*
» près du bourg de *Mont-Jovis* ; autre maison de la *grande*
» *rue du marché*, (Place des Bancs), maison de Jean de
» *Brugeyron*, sergent royal, située rue Lansequot avec
» toutes ses appartenances, et ce avec la *seigneurie et*
» *l'acaptement acoutumé respectivement dû sur ces héritages*
« *dessus confrontés*. »

« *Item* et en outre a doté la dicte vicquairie de cer-
» taine vigne qui fut du dict feu Martial *Audier*, son
» mary, contenant neuf journeaux d'homme, située au

» territoire du Puy-de-Bellegarde, entre le chemin du
» pont Saint-Martial à Pierre-Buffière et la vigne de dis-
» crète personne François *Audier*, bourgeois de la ville,
» entre deux d'autres et le grand chemin par lequel on
» va du susdict pont à l'esglize de Saint-Jean-Ligoure, etc.
» A raison de laquelle vigne ledit vicquaire sera tenu
» de faire faire l'anniversaire susdict par les prebstres
» de la dicte communauté de Saint-Pierre-du-Queyroir
» et leur bailler et délivrer à chacun d'yceux *une quarte*
» *de vin* provenant de la dicte vigne et *un pain de.....*
» suyvant la dernière volonté de la dicte Jehannette con-
» tenue dans un acte du 24 may dernier, signé *Pallais*,
» et autres concernant la dicte vicquairie du 1ᵉʳ juin 1507
» signé de *Campis*. »

La susdite Jeannette Dupeirat demandant que la vicquairie fondée par elle fut *spiritualisée, assemblée et annotée*
avec les autres bénéfices du diocèse de Limoges, Guillaume *Barthon-de-Montbas*, licencié en droit, chanoine
de l'église renommée de Limoges, vicaire-général des
choses spirituelles et temporelles de l'évêché de Limoges,
spécialement établi par autorité apostolique; « inclinant
» aux requestes de la dicte Jehannette Dupeirât, voulant
» le service divin estre augmenté au diocèse de Limoges,
» avons permis la fondation de la dicte vicquairie, ayant
» enquis la vérité, et parce que par l'enquête faite de
» notre autorité, nous a duement aparu et apert la dicte
» vicairie estré suffisamment fondée pour soutenir toutes
» les susdictes charges, et les choses susdictes être faites
« à l'augmentation et utilité du service divin, partant les
» ayant pour agréables, nous avons loué, ratifié, approuvé
» et homologué, louons, ratifions, approuvons et homo-
» loguons les choses racontées aux susdictes lettres de
» la fondation et avons spiritualisé et spiritualisons, avons

» aggregé et aggregeons, avons annoté et annotons la
» dicte vicairie, ainsi et comme dit est instituée et fondée
» par ces présentes lettres, avons interposé et interpo-
» sons par ces présentes notre autorité ordinaire avec
» décret aux susdites choses comme bien et légitimement
» faites, en témoignage dequoy nous a semblé bon ap-
» poser le scel de Reverendissime père en Dieu, Messire
» *Charles de Villiers*, évêque de Limoges, aux présentes
» lettres. Fait en la cité de Limoges, en la maison de
» nostre acoutumée residence, illec présents, bien ames
» en notre seigneur, Jehan de *Leygue* de Lugaignac du
» diocèze d'Agen, et Jehan *Vigier* de saint Christofe
» près de Salaignac, du diocèze de Limoges, recteurs
» desdictes esglizes paroissiales, témoins requis aux choses
» susdictes, le 11 août 1520. »

Ainsi signé (1), *G. Barthonus vicarius generalis præ-
fatus*, et plus bas, *de mandato Domini vicarii generalis*,
M. *Bouyol*.

« Collation des présentes a été faite sur autre colla-
» tion faite sur l'original, le 13 juillet 1582, signée,
» de *Petiot*, lieutenant-général, et *Burtis*, commis gref-
» fier; le contenu cy-dessus étant en latin et traduit en
» françois par les notaires soussignés *Boutet* et Jean

(1) Guillaume-Barthon-de-Montbas, ancien abbé du Dorat, et de Solignac, doyen du chapitre de la Cathédrale, avait été élu évêque de Limoges, en 1510 par la majorité du chapitre, à la mort de son frère Jean II, et Foucaud de Bonneval, aumônier de Louis XII, abbé de Bénévent, par la minorité; après procès entre les deux compétiteurs, Guillaume-Barthon fut transféré à l'évêché de Lectoure, et assista comme député des Etats au Concile de Trente, il résigna ce siége à son neveu, Jean Barthon, et mourut en odeur de sainteté, cette même année 1520, emportant les regrets de tous les habitants, qui l'appelaient le flambeau de l'église de Limoges, le père du pays et des pauvres, le consolateur des affligés.

» *Juge*, à la requête de Messire Martial *Duboys*, prêtre
» de l'église de Saint Pierre, vicaire de la vicairie ap-
» pelée de la *Pucelle* ou des *Veyriers*, le 10 décem-
» bre 1606. »

(Copie extraite d'une copie informe de M. Veyrier, bourgeois de Limoges, patron de ladite vicairie, qui y a nommé le sieur Mathieu Psalmet Faulte, prêtre, né et baptisé en l'église de Saint-Pierre, le 19 décembre 1787.)

Cette vicairie retirait des revenus de plusieurs propriétaires et tenanciers des héritages, *pour lesquels cens rentes et debvoirs d'heubz à la dicte vicquairie*, entre autres : le *scindic du couvent des religieux Jacopins*, cinq sols la maison de M. Guinot de la Bastide, en la rue Lansequot, 1586 etc., par MM. David-du-Bournazeau, Mandat de Beauséjour, Martin-de-la-Bastide, héritier de sa veuve (1634), Guillaume Poillevé (1612), sur des *plassages* (emplacements) près de sa vigne joignant le chemin de Saint-Jean-Ligoure, et autres terres à *Beauséjour*, à *Bellegarde* de la Roche, près le pont Saint-Martial, à *Soubz-d'Anaz* (Soudanas), *Panazoux* (Panazol), Fargeas, etc.

Une des quittances de ces revenus s'exprime en ces termes : « Lequel a illec déclaré avoir eu et reçu comp-
» tant et reellement en bonne monnoye bien nombrée
» sur une terre de neuf quartelées scize et située au clos
» de la *Doudonerie*, paroisse de *Soubrevas*, sous le scel
» de la vicompté de Limoges. »

Cette vicairie de la *Pucelle* avait une cloche particulière qu'on sonnait lorsque le titulaire en prenait possession, et qu'il célébrait la messe à la chapelle de N.-D.-la-Joyeuse ; elle possédait aussi un calice d'argent, des ornements, une chasuble, et trois nappes d'autel, dont il est fait mention dans un procès qui dura longtemps entre Noël *Taillandier* et Pierre *Thomé*, prêtres de Saint-Pierre, et anciens vicaires de cette vicairie, d'une part; et Barthélemi *Favelon*, vicaire titulaire en l'année 1584, nommé par Pierre *Veyrier* l'aîné, *patron d'icelle*. Ce dernier gagna sa cause, le jugement fut confirmé par arrêt du Parlement de Bordeaux, signé de *Pontac*.

Messire Bernard ou Léonard de *Peyrazès*, en était vicaire en 1576; Barthélemi Favelon en 1584. Le vénérable Antoine *Veyrier*, chanoine de Saint-Martial, en était le patron, le 24 mars 1586. Jehan *Peyrinaud*, prebstre de l'esglize parrochialle Monsieur Saint-Pierre-du-Queyroir, vicaire titulaire le 25 novembre 1566. — Martial *Duboys*, le 13 juillet 1603; Jean *Michelon* 1632. Laurent *Faulte*, prêtre communaliste, le 24 septembre 1634, l'était encore en 1660. Laurent Veyrier était revêtu de bénéfice l'an 1762, et Mathieu Psalmet *Faulte* en reçut l'investiture le 19 décembre 1787, ayant été nommé par le patron laïque, *Veyrier*, bourgeois de Limoges.

Le 15 décembre 1423, Jean *Barelier* fonda la vicairie de *Barsange* ou des *Bareliers* à l'autel ou chapelle de Saint Christophe et Saint Nicolas, appelée aussi du *battement*, *flagellation* ou *foytement*, plus tard de *l'Enfant Jésus*, de la *Trinité* et de *Saint Roch*. Cette vicairie était à la nomination de la famille *Midy*, Pierre de *Trasmont* en fut le patron laïque.

Une vicairie portait le nom des *Disnemandi* (*Disnematin*), ou de la messe *matutinale*, on croit qu'elle fut fondée le 15 mars 1431 par Guillaume *Disnemandy*. Pierre *Bayard* et Bernard *Teyssier*, vicaires de Saint-Pierre, en avaient été titulaires, le dernier l'était encore le 15 novembre 1498, il se nommait *Teyssier* de *Charre* ou de *Char-*

mette. Jehan *Noalhier*, le 10 mai 1521, Simon *Bayardou*, en 1540, François *Balhot* ou *Bailhot* le 26 mars 1545, en furent successivement pourvus. Catherine *Beneyche*, fille d'Othon *Benoist*, veuve d'Hélie *Disnemandy* augmenta les revenus de cette vicairie, attachée à la chapelle des Saints Christophe et Nicolas, le 7 mai 1498.

Une autre vicairie fut affectée à l'autel de la sainte *Croix* ou de la *Vierge*, par Théodore *Lupi* ou le *Loup*, curé de Saint-Pierre, et secrétaire de l'évêque, vers 1454; on faisait mention de ce fondateur dans les prières pour les curés et bienfaiteurs que nous donnerons plus loin.

Nous lisons dans un testament du 21 septembre 1484 reçu par Pierre de la *Charlonie*, clerc et notaire apostolique, la mention d'une chapelle de Saint-Martial, à Saint-Pierre, appelée des *Benoist*, alors *Beneyts*, où le testateur, Mathieu *Beneyt* déclare vouloir être enterré, comme l'avaient été son père et sa mère. Mathieu était membre de la confrérie de saint Martial, et lui fit plusieurs legs ainsi qu'à la chapelle de la *Courtine*. A la chapelle de Saint-Martial de Saint-Pierre-du-Queyroix, était *fondée* et *installée*, suivant les termes de ce testament, une *vicairie perpétuelle* par des *Beneyt* ses ancêtres, le testateur pour *en augmenter les revenus*, (*ampliandis redditibus*), lui donne et lègue sa vigne située au clos *Guaramy*, et une rente *annuelle* et *censuelle* de trois *hémines* de froment, à la charge par le vicaire titulaire de cette vicairie lors de sa mort, de célébrer à ladite chapelle de Saint-Martial ou des *Benoist*, *une messe chaque semaine, avec absoute à l'eau bénite*, comme on avait l'usage de la faire devant les cercueils; il donna aussi cent sols de la monnaie courante, pour les réparations des églises de Saint-Pierre-du-Queyroix et de Saint-Michel-des-Lions, dont le clergé devait assister à ses funérailles.

La statue de saint Martial qu'on voit sur la façade de Saint-Pierre, avec celles des autres saints qui y avaient leur autel, le buste d'un évêque bénissant, sculpté sur la clef de voûte de la chapelle actuelle de la *Congrégation*, indiquent assez qu'il y avait une chapelle dans l'église de Saint-Pierre, consacrée à saint Martial.

Jacques de *Montgeorge*, *couturier* (tailleur), avait fourni les fonds de la vicairie attachée à la chapelle du *Charnier*, (*sépulcre, civory*), avant 1491. Jean *Dupont* dit *Pichotte*, *cloutrier*, (cloutier) avait établi celle de l'autel saint Jean.

Une rente annuelle et perpétuelle de 50 sols, était due à la communauté de Saint-Pierre, représentée par ses syndics Jean *Garat* et Etienne de *Janailhac* ; elle était assise sur une vigne, une *vismière*, (oseraie) une maison et un ancien pressoir situés près la *Roche-au-Gué* et le chemin de saint Gérald à ladite *Roche-au-Gué-du-Goth*. Acte du 6 septembre 1492, signé *Baignolle*.

Le testament de Jean *Duvergier*, bourgeois et marchand de Limoges, du 26 décembre 1513, déclare qu'il veut être enterré devant l'autel de *Notre-Dame-la-Joyeuse*, en l'église de Saint-Pierre-du-Queyroix, où ses ancêtres avaient fondé une vicairie perpétuelle, fondation qu'il renouvelle. Ce *Duvergier* surnommé *Gaine* ou *Queyrie*, mourut le 12 novembre 1515. M. Rouard, sieur du Treuil, clerc tonsuré, était patron de cette vicairie des *Duvergier*, en 1732.

Messire Hugues de *Beys*, de *Vays*, *Vidés* ou *Video*, *Delavoye*, peut-être *Devoyon*, chanoine de la cathédrale, licencié en droit et curé de Saint-Pierre, avait fondé la vicairie des *Vidés*, comme le constate un acte du 10 décembre 1518, où cette vicairie est représentée par

Messire Nicholas Mailher, syndic et vicaire titulaire, seigneur vray et direct, du lieu, Mas et *village du Puy Renier* et *moulin Dadan.* Ce même acte rapporte les rentes dues par les maisons de Jean *Coulomb*, dit *Pénicaud*, de Jean *Beunot*, de Pierre *Sanson*, de *Limousin*, gendre à *Bouriaud*, le *Mas-Rome*, etc.

La vicairie des *Chambons* devait sa fondation à Ozanne *Chambon*, avant 1509; à la chapelle de N. D. du *Porteau*, (portail) jadis Sainte-Geneviève; Jean *Chambon*, frère de la fondatrice, était avocat-général au parlement de Bordeaux, le 15 avril 1505.

Celle de *Possa* fut créée, en 1499, par Anne *Vic*, femme *Deschamps*, Jean *Deschamps* et Albert de *Grandchant*, conférée en 1530, au chanoine François *Duboys*. Ses frères, *Pierre*, *Guillaume*, *Jean* et *Jacques*, lui firent une donation le 2 juin 1537. Jacques *Parat*, prêtre, le 5 septembre 1540, Catherine *Pinterie*, en 1544; Jacques *Noailher*, en 1564, Martial *Roger*, Jacques *Toulhe* et Françoise *Pouyolle*, augmentèrent aussi ses revenus; *affectée à l'autel Saint-Jacques.* La vicairie des *Vaudroux* était instituée avant 1620.

Celle de Christophe *Sanxon* ou *Sanson* (tige des Sanson de *Royères*), portait aussi le nom de la *Meytine*. Sa descendante, héritière de cette branche des *Sanson*, Marcelle *Sanson*, épousa M. de *Léobardy*, sieur du *Mazan*; cette vicairie était attachée à la chapelle du *crucifix*, dite de sainte *Magdeleine* et de sainte *Marthe*.

Il existait à Saint-Pierre d'autres vicairies et des bénéfices sous différents titres, dont la lecture d'anciens actes nous a révélé l'importance, et spécifié les revenus.

Jacques *deu Tertré* marchand, en avait fondé un à saint Roch. — Grégoire *Gregory*, un à sainte Croix. — Martial *Audier*, Jeannette *Duboys*, veuve de *Maureil* Ma-

thieu, à N. D. des sept *Douleurs ou du Crucifix*, en 1562.
— Nicolas *Saleys*, bourgeois, sieur du *Mas-Rôme*, 18 février 1409. M. Bonin du Mauselet était l'héritier de cette famille; un descendant, *Bonin* ou *Bonnin*, fut curé de la Croisille. — François de Pontbriant, maire en 1447, en avait créé un à l'autel de la Trinité ou de saint Roch, dont fut patron laïque, M. J.-B. *Texandier*, chevalier d'honneur au bureau des finances, seigneur de l'Aumosnerie, comme seigneur de la baronnie de Nieul. — Jean *Romanet*, à l'autel Saint-Jacques; Jacques *Romanet*, sieur de Saint-Priest, en était le patron, en 1665. — Jordain *Fornerie*, chevalier seigneur de la Vilatte et Saint-Germain, Pierre *d'Ardit-du-Puy-Tison*, trésorier du bureau des finances, dont la sœur épousa, M. de *Maledent*, trésorier au même bureau. — Mathive de la *Mosnerie*, etc.

Jacques *Chap-de-Rex*, (caput regis) institua la vicairie des *Charadeix* ou *Chadrieix*.

Jacques de *Solempniac* et Barthélemi *Raynaud*, chanoine de Rouen, fondèrent celle des *Bonnets* ou *Brunets*, à N. D. de la *Joyeuse*, ou Saint-Thomas. Pierre *Boyol*, clerc, Jeanne *Boze*, veuve de Pierre *Régis*, Sybille *du Port*, Paule *Audier*, Jean *Médici*, Guillaume *Lacort* et Catherine *Molina*, furent au nombre des bienfaiteurs de cette vicairie: ainsi que Martial *Julien*, Guillaume ou Jean de la *Brugière* de Beausoleil, Jean *Bayard* et Martial *Lagulhier*.

Pierre *Mauplo*, marchand, sieur de la Borie et de Pennavayre, établit un de ces bénéfices à l'autel de la Transfiguration, où l'on voyait cette inscription:

> À la gloire et l'honneur du grand Dieu immortel,
> De la Vierge et des Saints, sur le marbre et l'autel,
> Nouvellement dressé, ci, dans cette chapelle,
> De feu Pierre *Mauplo* de l'image fidèle.

Les armes des *Mauplo* étaient, en 1622, *un aigle volant, au chef,* avec une étoile cantonnée de deux croissants ; on les voit encore aujourd'hui sur une dalle du pavé de l'église Saint-Pierre.

<=>

Nous ne pouvons mieux placer qu'à la suite des noms de ces bienfaiteurs de l'église de Saint-Pierre, les prières générales en langue vulgaire, ou *patois limousin,* consignées dans un livre en parchemin, écrit en l'an 1379, par le prêtre Etienne *Chavalier,* du temps de *vénérable et discret homme messire Jean de Taffris,* curé ou chapelain de Saint-Pierre-du-Queyroix. Livre contenant des prières pour chaque jour à la *messe générale* du vicaire, de nombreuses oraisons, et une mention spéciale des curés et des fondateurs des bénéfices.

Après avoir prié pour le pape, les cardinaux, archevêques, évêques et spécialement pour celui de Limoges, *lou rey dé França, lou dauphi, soun fils ; lous aoutreys seignours, ducs et barouns, lous trépossats,* etc.

« E ein remeinbrança (souvenir) veulx fayré préjéras
» per Mᵉ Huges *de Veys,* Mᵉ Theodor *lou Loup,* Mᵉ
» Fran, Johan *Jouvyond*, Mᵉ Jacq *Jouvyond,* per lous
» doux *Janailhacs* quant bailha las reliquas de mounsei-
» gnour St Johan Batista.

» Chapelas qué fureint dé cent (céans).
» Per mounseignour Aymeric *Blanc*
» Per mounseignour Marsaou *Boilher*
» Per mounseignour Simo *Nohailler*
» Per mounseignour Marsaou deu *Bost.*
» Per Mounseignour Marsaou Féraud.

» Per scientifique personne, maître Paul *Guay* e
» per Done Johanne *Vidale,* sa moilher, (épouse) ; —

» per lou seignour Balthazar *Audier*, soun fils *Johan*
» el'eslu Marsaou *Audier*; — per lou seignour Johan
» *Romanet*, Margarita *Vigane*, sa moilher, soun fils
» *Johan* et Catharina *Rogière*, sa moilher, Thève *Ro-*
» *manet*, lou fils *Pierre* et sa moilher Estière *Charlhée*,
» *Thève* fils, *Leonardo* et *Catharina*, fillas de Marsaou
» *Romanet*; — per lou seignour Marsaou *Togassier*, e
» Paul, soun fils; — per lou seignour Guillem de *Julio*,
» Meytre Johan *Domengé*, Cecilie *Raymunde*, sa moilher,
» *Domengé*, lou fils; — seignour Johan *Sandellas*, sei-
» gnour *Dinomandi*, seignour Johan *Rogier* e donc
» Anno *Beneycho*, sa moilher; — seignour *Penot Vigier*,
» ė Valeyrio *Jouvyond*, sa moilher; — Jacqué *Rogier*,
» lou fils, e Catharina *deu Bost*, sa moilher; — seignour
» Pieyré *Granier*, Pieyré *Décordas* e donc Mᵉ *Duboys*,
» sa moilher; — seignour Johan *Visme*, Pieyré *Verrier*
» e Jehanne *d'Auvergno*, sa moilher; — Jacquinetto
» *deu Peyrat*; Jehan *Ducouderc*, Vincent *Ducouderc*,
» Pieyr daû *Cluseu*, per lou *Fournier* d'au vieilh châsteu,
» per N. deu *Masloge*, etc.

Sous le titre de *pratiques de la semaine*, suivent des prières pour la sainte mère église, la terre sainte, la sainte Vierge chaque fête de l'année, les bienfaiteurs, les présents, les absents, les malades, les biens et fruits de la terre; nous donnons textuellement celles pour les habitants de Limoges, (*pro habitatoribus Lemovicæ*) et les bons curés et paroissiens.

« E per tut lous habitans de Lymogey, que plaso a
» nostré seignour per sa saincto misericordio, qué lous
» manteigno ein eytamein de gracio. »

« E spéciallamein lou préjarein per lous seignours
» Rectours qué an regit et gouvernat l'Eygleygeo dé
» sein (céans), e per aquilz que ley an leyssat cens ou

» rendas, per fas remembranssas ou anniversaris e aussi
» per aquilz ou aquelas que sont sepulturat au cémentéry
» de cein (céans) e ein aqueu de saint Paul, et per tut
» l'universal moundé. »

Ce livre d'un format étroit et long, est orné de deux miniatures, en forme de frontispice; sur l'une est peint saint Pierre, mitré, tenant une double clef de la main gauche et bénissant de la droite; il est assis sur une sorte de chaise curule, dont les bras sont terminés par quatre têtes de chien. La mitre et sa chape sont rouges, sa tunique est verte, les galons de ses vêtements et l'auréole qui ceint sa tête, sont d'or; un portique gothique et crénelé forme le haut du cadre, dont les autres parties sont rouges et grises; le fond du tableau est d'or. Sur l'autre feuillet se voit la lapidation de saint Etienne, sous un portique semblable encadré de rouge et de gris; le saint est représenté à genoux, vêtu d'une dalmatique rouge et d'une tunique verte, à droite un bourreau à robe vert clair, tenant des cailloux de chaque main, à gauche un autre bourreau en gris, tenant les deux bras en l'air, le fond et l'auréole du saint sont d'or.

On lit en tête de ce livre : « Aquel libré eyt dé
» l'eyglieygâa de St Peyr ou *Payx* d'au Queyroy dé
» Lymogey, lequal guardons ein vicario de la dita
» eyglieygêa. » Il commence par un tableau pour trouver les fêtes de Pâques, suivi d'une instruction sur la manière de célébrer la messe; puis de vers latins Léonins sur le calendrier, et d'une prose antique, aussi en latin, sur l'enfance de Jésus-Christ.

Une note presque illisible de l'an 1398, a rapport à *Archambault* de *Poitiers*, (de Peytiers) et à Hélie de *Talleyrand*, au sujet du comte de Périgord; (*De comitatu Petragorensi.*)

On voit à Saint-Pierre deux livres de chant d'une très-grande dimension, qui sont des œuvres d'une patience admirable. Les paroles en ont été imprimées à la main très-nettement avec des caractères à jour, les notes du plain-chant de même, sur des lignes de couleur rouge, certaines pages sont ornées de vignettes, arabesques, fleurons, etc., imprimées de la même manière; on lit sur l'un qui a 184 pages, *operâ et studio J. M. Tabaraud presbyteri;* sur l'autre, qui en a 430 : *Epitome Antiphonarii Lemovicensis insignis ecclesiæ sancti Petri de quadruvio proprium, pars hicmalis et vernalis, etc.*

Lemovicis exarabat Ma... le reste est déchiré.

(Ces deux livres sont l'ouvrage d'un *Martial* ou *Mathurin* Tabaraud, vicaire.).

IV.

Liste chronologique des Curés et Prêtres distingués de cette paroisse. — Fêtes, Offices, Cérémonies religieuses.

Puisque nous avons cité les noms de quelques curés de Saint-Pierre, au sujet des fondations des vicairies, et des prières générales de cette église, nous croyons que c'est le cas de placer ici la liste de ceux que nous avons pu retrouver dans nos longues et laborieuses recherches.

Geoffroi, trésorier du chapitre de Saint-Martial, ne voulant pas accepter la réforme, lorsque les autres chanoines se firent moines et embrassèrent la règle de saint Benoit, se saisit de l'administration de l'église de Saint-Pierre, et la soumit à l'évêque de Limoges *Stodile*, très opposé comme lui à l'introduction de cette réforme; nos évêques, depuis cette époque, nommèrent les curés de cette paroisse, qui devaient être gradués, ou au moins maîtres ès-arts. Ces curés étaient *collateurs* de plusieurs bénéfices simples ou vicairies fondées dans leur église ; ce Geoffroi, pour avoir soumis Saint-Pierre à Stodile, vers l'an 848, en fut nommé le curé, *recteur* ou *chapelain*, comme on disait alors, c'est une opinion assez généralement établie ; *Fulbert, lévite* ou abbé de Saint-Pierre, était contemporain de l'évêque de Limoges *Anselme*, 869.

Pierre *Laurez*, curé en 1158 fut grièvement blessé par Boniface, serviteur d'Amblard, abbé de Saint-Martial, compétiteur de Gérald Hector du Cher à l'épiscopat de Limoges, pour avoir interdit à Amblard, de la part du pape, d'usurper le siège pontifical. *Laurez* recueillit dans sa robe le sang de sa blessure pour le montrer au pape.

Jean *Arnaldi, d'Arnaud* ou *Arnaud*, chanoine de saint Etienne et chapelain de Saint-Pierre, fut un des exécuteurs testamentaires de l'évêque de Limoges, Aymeric de la Serre ; il vivait en 1272, et mourut l'an 1274.

Pierre Duboys, 1286. — Vénérable et discret homme, Messire *Jehan de Taffris*, curé ou chapelain, en 1379, fit écrire par le prêtre Etienne Chavalier le *livre de chant* de Saint-Pierre, comme nous l'avons dit plus haut.

Hugues de Video, de Veys, ou de la *Voye*, peut-être de *Voyon*, (ancienne famille de Limoges) nommé aussi de *Beys*, licencié en décrets, était curé en 1416 et chanoine de la cathédrale.

Le dernier dimanche de novembre, la confrérie du saint Sacrement faisait célébrer une messe d'anniversaire sur sa tombe, devant le maître-autel ; il avait fait une donation à cette confrérie ainsi que le prêtre *Jehan Chieze*, appelé comme lui *de bonne mémoire*.

Pierre de *Villegrent* ou *Villegrand*, est cité comme curé de Saint-Pierre dans un titre de 1321.

Théodore *Lupi*, *du loup* ou *le Loup*, curé de cette paroisse, était secrétaire de l'évêque en 1434, et fondateur d'une vicairie.

Michel de Jouviond, chanoine de la cathédrale, curé de Saint-Pierre, 1er abbé commandataire, (55e en rang), de Saint-Martin des Feuillants, en 1500.

Des titres de 1523 et 1531 donnent en ces années pour curé à l'église de Saint-Pierre, M. Pierre *Papalou*, chanoine de Saint-Etienne.

Jacques de Jouviond de Leychoisier, bachelier ès-décrets, abbé de Saint-Martin lez Limoges (Feuillants), chanoine de la cathédrale, chantre de Saint-Martial, prévôt de Saint-Vaulry, curé d'Affieux et de Saint-Pierre, en 1550, se démit de cette dernière cure, en 1568.

Pierre de *Dohet* ou *Douhet*, était curé en 1591, le 10 février d'après le registre de la confrérie du Saint-Sacrement.

Un titre de 1594, fait mention de Michel de Jouvyond, licencié en droit, chanoine de Saint-Etienne, doyen du Rieu-Peyroux, curé de Saint-Michel-des-Lions et de Saint-Pierre-du-Queyroix.

Balthazar de Douhet, prévôt des Séchères (Seychéras) curé de Saint-Pierre, accorda l'hospitalité dans son église aux R. P. Jésuites, dont la chapelle tomba en ruines le 14 décembre 1607; ils célébrèrent leurs messes et leurs offices à l'autel de la Trinité, et prenaient leurs vêtements sacerdotaux à la chapelle de Saint-Roch. Tous les bancs de la nef jusqu'à l'entrée du sépulcre, qui pouvaient les gêner dans leurs exercices religieux, furent enlevés. Un titre de 1627, donne des preuves de son existence en cette année, comme curé; il vivait encore en 1631, pendant que la peste portait ses ravages dans Limoges, il était à Paris, pour quelque mission.

N. *Périère*, chanoine de Saint-Martial, fut nommé à la cure de Saint-Pierre, le 26 février 1642; il fit les oraisons funèbres de la duchesse de Montausier et d'Elizabeth d'Aubusson-la-Feuillade, abbesse de la Règle.

François *Juge*, docteur en théologie, protonotaire du saint siège apostolique, était curé en 1664, 1672 et 1686.

Pierre *Juge*, son neveu, docteur en théologie (1), fut son successeur à Saint-Pierre, en 1700, 1716 et 1737.

Martial Simon de Raquiaud, maître-ès-arts, était curé en 1739.

Martial *Dartigeas*, curé de Saint-Michel et de Saint-Pierre, se démit, en 17... et mourut en novembre 1748.

Autre Martial Simon de *Raquiaud*, abbé du Beuil, résigna la cure de Saint-Pierre en 1764, et mourut, en juin 1773.

En vertu de cette résignation, Siméon Navières, bachelier de Sorbonne, fut pourvu de cette cure; il fonda le bureau de bienfaisance, construisit la première maison des Sœurs de la Charité, où il établit les saintes filles de saint Vincent de Paule, et mourut le 4 juin 1780. La Fabrique de Saint-Pierre a consacré sur sa tombe, à l'entrée de l'église, un marbre commémoratif de ses bienfaits. (*Voir la note à la fin.*)

Joseph Guingand de Saint-Mathieu, ancien curé de Sainte-Félicité, fut nommé à la cure de Saint-Pierre en 1780; il fut député aux états-généraux par le clergé du Limousin; forcé d'émigrer en Allemagne, il s'empressa

---

(1) *Doctor theologus nec non rector parrochialis ecclesiæ sancti Petri de Quadruvio*, acte du 20 janvier 1731.

de revenir après la révolution, au milieu de ses paroissiens qu'il ne voulut plus quitter, il refusa même les évêchés auxquels son rare mérite paraissait devoir l'appeler, et mourut l'an 1820, objet de la vénération et des regrets non-seulement de sa paroisse, mais de toute la ville.

Ses successeurs furent M. J.-B. Périgord-Beaulieu, ancien curé de Rochechouart, et vicaire-général, mort en 1832 ; M. André Benjamin Dubranle, mort en 1846.

Et M. Henri DELOR, curé actuel.

Plusieurs prêtres communalistes de Saint-Pierre, se sont distingués par leur mérite ou leurs écrits. Nous nous bornerons à citer :

Macquoy, Joseph, qui mourut en 1720, fit imprimer en 1714, chez François Meilhac, une histoire de l'église en 25 volumes in-4° ; sous le titre pseudonyme de l'abbé de Nouville, il changea aussi la date, le nom de l'imprimeur et de la ville, en 1614, Aerssens de Leyde.

Romanet, Pierre, permuta en 1714 la cure de Boisseuil contre la vicairie des Chambons de Saint-Pierre, et mourut en 1747, chanoine théologal de Saint-Martial ; il aida de ses travaux Dom Rivet, dans l'histoire littéraire de la France ; le savant bénédictin l'en remercie dans la préface de son 1er volume.

Jean-Baptiste *Roby*, poëte, né le 26 mars 1703, fils de Martial et d'Anne Romanet, baptisé par le vicaire Guineau, florissait en 1743.

François *Roby*, son neveu, écrivain, naquit le 26 décembre 1714, de Jérôme et de Thérèse Dacier, baptisé par *Tœixhandier*, (sic) vicaire.

Cogniasse du Carrier, Joseph, neveu de Grégoire

Mailhot, (famille qui avait sa sépulture à Saint-Pierre) lui dédia le recueil de ses sermons; il mourut en 1729.

Jean-Baptiste *Bullat*, vicaire de cette paroisse, avant et après la révolution, a écrit divers ouvrages de liturgie, et des notes fort intéressantes sur le diocèse de Limoges.

MM. Tabaraud, Vitrac, etc.

<+>

L'Anniversaire de la consécration de l'église de Saint-Pierre s'y célébrait solennellement au mois de janvier (le 2.)

Le jour de la fête patronale de Saint-Pierre, il y avait procession extérieure; après la solennité finie, chaque ecclésiastique ainsi que chacun des fabriciens y assistait tenant à la main un bouquet de fleurs; dont la distribution avait été faite pendant le chant de vêpres.

La veille de saint *Pierre-ès-Liens*, le chapitre de la cathédrale venait à Saint-Pierre pour y chanter solennellement matines et laudes; il allait ensuite processionnellement dans la salle du presbytère où le curé assistait en étole; là se trouvait une table avec un plat sur lequel était découpé à morceaux très-petits un pain de froment, et trois bouteilles de vins de différentes couleurs.

Après être resté un instant, le chef donnait le signal du départ, par la porte du jardin qui communiquait au cimetière, entre l'église et le collège. On chantait un *libéra*, après quoi on se rendait à la cathédrale. Le lendemain on venait chanter la messe à dix heures; quoique le clergé de la paroisse n'assistât pas avec le chapitre, c'était cependant le curé ou le vicaire de semaine qui chantait la messe. Le diacre était également fourni par la paroisse; si c'était un dimanche, il y avait prône par le curé ou un des vicaires; pour cela la paroisse devait, outre le goûter de la veille, payer une rente de 18 fr. à la cathédrale.

Le jour de la fête de saint Jean l'Evangéliste, 27 décembre, était celle des clercs tonsurés ; l'office était des plus solennels depuis les premières vêpres.

La saint Nicolas, patron des écoles, se faisait aussi à Saint-Pierre, aux frais des consuls de la ville ; comme l'Hôtel-de-Ville était dans cette paroisse, les consuls y faisaient célébrer des services funèbres pour les gouverneurs et lieutenants-généraux de la province, décédés ; une contestation s'éleva à ce sujet entre le curé de Saint-Pierre et les consuls ; elle fut terminée par la lettre qu'écrivit de Fontainebleau le chancelier de France, à l'intendant M. de la Millière, le 7 octobre 1754.

Le reste de l'année, il y avait tous les jeudis exposition du Saint-Sacrement sur la table de marbre de l'autel, vêpres, complies, et bénédiction ; tous les troisièmes dimanches du mois, (actuellement c'est le 2e dimanche), de plus sermon et procession dans l'intérieur de l'église, avec station à la chapelle de N. D. des Agonisans où l'on donnait la bénédiction à voix basse, puis la bénédiction solennelle au maître-autel ; avant le *benedicat vos*, *etc.*, le prêtre ajoutait au chant des deux premiers versets, celui de la sainte Vierge, celui du roi, enfin pour les fruits de la terre et pour la paix.

A la fin de la messe paroissiale on chantait la même bénédiction, mais elle se donnait avec la croix que portait ensuite le sous-diacre en retournant à la sacristie.

Les dimanche, lundi, et mardi de la septuagésime

avaient lieu les prières des 40 heures ; le Saint-Sacrement était exposé tout le jour, grand'messe, vêpres, sermon et bénédiction.

Les jours de Pâques, Pentecôte et Noël, on portait solennellement le Saint-Ciboire par la paroisse avant la grand'messe, comme à Saint-Michel et à Saint-Maurice, le soir on l'exposait sur l'autel au moment où l'officiant commençait vêpres, et le même prêtre qui l'avait exposé donnait la bénédiction sans rien dire, au moment où l'officiant terminait l'office en disant : *Divinum auxilium maneat semper vobiscum, etc.*, amen. Cette pratique rappelait l'ancien usage de porter le Saint-Sacrement aux infirmes à ces fêtes solennelles. A la procession du jour de la Pentecôte, il y avait un reposoir dans une maison de la boucherie et une personne avait droit d'y communier ; c'était en reconnaissance du don qu'avait fait cette maison d'un Ciboire en vermeil, d'un poids et d'une dimension extraordinaires, surmonté, au lieu d'une croix, d'un saint Jean de trois pouces de haut ; parce que les bouchers le prenaient pour patron. On portait solennellement la communion aux infirmes, le jeudi de Pâques ; cette procession était très-édifiante.

Tous les dimanches et jeudis, depuis Pâques jusqu'à l'Ascension, on allait faire des stations dans trois églises différentes, pour représenter les apparitions de J.-C. après sa résurrection.

Le samedi saint, on réunissait, à une heure désignée, tous les enfants au-dessous de sept ans ; on leur faisait un petit discours pour les disposer à l'*Acte de Contrition*, après quoi on les bénissait.

Pendant toute l'Octave du Saint-Sacrement on chantait les *Petites Heures*, comme dans les Chapitres. Le jeudi de l'Octave avait lieu la petite procession de la paroisse, avant de se rendre à la cathédrale pour la procession générale qui se faisait ce jour-là, et où il y avait octave de sermons.

Les prêtres communalistes chantaient tous les jours la messe, à moins qu'il n'y en eût une à la paroisse. Ces prêtres portaient anciennement l'*aumusse*; c'est ainsi qu'on les voyait encore représentés au moment de la révolution, sur les portes d'une petite armoire appliquée au pilier de *N.-D. des Agonisans* ; on en voit encore la représentation dans une petite statue de prêtre, agenouillé aux pieds du grand Crucifix élevé sur la porte du sépulcre ; mais ils renoncèrent à ce privilège dont ils ne devaient jouir qu'autant qu'ils feraient tous les jours l'office canonial, à l'exception de matines et laudes.

<=>

Il y a, dans cette église, d'autres caveaux que le sépulcre. Le froid de 1789, n'ayant pas permis d'ouvrir des fosses dans les cimetières, et la mortalité ayant été considérable, on déposa les bières dans le sépulcre, d'où on les retira secrètement pendant la nuit pour en vider le contenu dans le caveau qui se trouve sous la nef, du portail au Maître-Autel.

La paroisse avait un cimetière sur le plan de l'Eglise ; il était enceint d'une muraille, qui partait des deux coins ou pignons de l'église et se terminait à quelques pieds de la fontaine, qui séparait le terrain de l'église, de la *Poissonnerie* (le Gras), placée alors en cet endroit. Les murailles en étaient couvertes ou couronnées par de longues et lourdes pierres primastiques. A l'extrémité, en face de l'autel, était une élévation en pierres de taille, avec un pupitre, également en pierre ; on y faisait la bénédiction des rameaux et on y chantait l'évangile, le dimanche de ce nom.

3.

Au côté droit de la porte, le long du clocher, on voyait jadis une croix ornée de figures sculptées, elle avait été enlevée du coin de la rue de l'*Arbre-Peint*, faisant face à celle du *Puy-Vieille-Monnaie*; au milieu de ce cimetière, en face de l'entrée du clocher, une grande et large pierre tumulaire, élevée de terre d'environ un mètre, formait une sorte d'autel, où l'on déposait les morts de la campagne. Ce cimetière s'étendait entre l'église et les bâtiments du Collége.

V.

Confréries. — Pénitents. — Corporations. — Plan et dimensions de l'Eglise. — Clocher. — Tableaux, Statues.

La première confrérie était la *Baylie des Ames*; ses membres étaient choisis parmi les bourgeois ou marchands de la paroisse; ils prenaient rang immédiatement après les fabriciens; leurs fonctions étaient de faire la collecte pour les âmes du purgatoire, tous les matins à la première messe, les jours ouvriers, et à toutes les messes, les jours de dimanche et de fêtes; leur chapelle était sous la dénomination du *Crucifix*; elle était placée près de la porte latérale, là où est aujourd'hui celle de la *Congrégation;* on y faisait acquitter trois messes par semaine, pour le repos des âmes du purgatoire ; savoir : les mercredis et vendredis à heures libres, les dimanches et même les fêtes chômées, à midi. On y célébrait un service solennel le premier vendredi libre de chaque mois.

Les confrères allaient le *premier dimanche de Mai*, avec le clergé, processionnellement à la chapelle du *Maupas*, où l'on chantait une messe. Cette chapelle, dédiée à saint Martial, faisait coin à la rue des Tanneries, son entrée était dans le chemin du *Maupas*; on lisait à son frontispice extérieur ces quatre vers :

> Passant, par où tu passes, j'ai passé ;
> Par où j'ai passé, tu passeras ;
> Comme toi, vivant j'ai été,
> Et comme moi, mort tu seras !

C'était de ces vers, qu'était venu au chemin ainsi qu'à la chapelle, le nom de *Maupas* (*mauvais pas* ou *passage*) (1).

Après être devenue l'écurie de l'aubergiste Malherbe, cette chapelle est aujourd'hui le magasin de M. Marseille, liquoriste. Le terrain qui l'entourait avait été un des cimetières de Saint-Pierre. Le premier dimanche de mai, les confrères ou *Bayles des Ames*, y distribuaient des bouquets au clergé. Le dimanche avant la *Toussaint*, il y avait exposition du Saint-Sacrement toute la journée, sermon après vêpres et bénédiction.

De nos jours, cette cérémonie se pratique dans l'église de Saint-Pierre : après la grand'messe et après la bénédiction, comme aussi après les premières vêpres de la *Toussaint*, on va chanter un *répons* et faire l'absoute dans la chapelle souterraine appelée *Sépulcre*, ou *Civory*, en langue du pays, dont la porte se trouve dans

(1) La base de la croix en pierre de cette chapelle est dans la cave de M. Joseph Audouin, ancien maire.

l'épaisseur du mur du côté du Collége. On y descend par un escalier qui conduit dans un lieu voûté placé sous le pavé de l'église, en allant vers la chapelle de Sainte-Madeleine ; dans l'obscurité du fond on voit un autel bien assorti à la pauvreté et au dépouillement que doit inspirer la pensée de la mort ; le jour ne s'y introduisant guère que par de rares ouvertures, rend cette chapelle bien digne de son nom. L'aspect des ossements entassés derrière une claire-voie qui règne tout le long du côté gauche, la multiplicité des inscriptions ou des symboles de la mort qui, dès le haut de l'escalier, sont peints sur les murailles, font de fortes impressions sur l'âme, et prêtent à de salutaires méditations (1).

Comme la cérémonie se continuait le lendemain, jour de la *Commémoration* des *Fidèles trépassés*, un concours remarquable de fidèles de toutes les paroisses y venait prier pour les morts. Au bas des marches était en permanence un des *bayles des âmes*, ayant sur une table placée devant lui, un Crucifix et une tête de mort entre deux cierges allumés, et criant d'intervalle en intervalle, d'une voix forte et lugubre : *N'oubliez pas les Morts!* Les fidèles portaient leur offrande dans un plat, et à chaque don on répondait : *Dieu vous bénisse*. Pendant ce temps-là, un choriste, enfoncé dans l'obscurité de la chapelle, chantait des répons, et faisait retentir les versets, *requiescant in pace, requiem æternam dona eis Domine*, etc.; auxquels s'entremêlaient les pleurs, les gémissements, les sanglots des visiteurs, sous la voûte sépulcrale; le lendemain de ces solennités, qui attirent encore de nos jours la foule, et où l'évêque de Limoges a

(1) L'*Ossuaire* de ce caveau a été formé des ossements retirés des différents cimetières de l'intérieur de la ville; à mesure qu'on les a supprimés, on les y a rangés avec ordre.

coutume d'assister, il y avait un service solennel pour les âmes des confrères défunts.

La Confrérie du *Saint-Sacrement* fut fondée en 1235, dans l'église de Saint-Pierre, sous le nom du *Sacrifice;* elle prit ensuite la dénomination du *Précieux corps de Jésus.* Les membres de certaines familles de la paroisse se succédaient comme par privilége pour former cette célèbre confrérie ; c'était elle qui faisait et fait encore les frais de la procession du Saint-Sacrement laquelle avait lieu le soir même de la *Fête-Dieu,* après le sermon ; c'était la plus magnifique et la plus riche de toutes les confréries, elle faisait toute la dépense de l'Octave, distribuait des bouquets au clergé, et aidait souvent la fabrique de ses secours pécuniaires lors des embellissements ou des réparations importantes de l'église. Elle avait fourni entr'autres présents, un dais en velours cramoisi garni de crépines d'or et brodé en bosse de même métal, où était représenté, sur chaque face, un calice surmonté d'une hostie avec deux anges adorateurs, d'un travail fort remarquable ; on y ajouta, par la suite, une belle draperie du même velours attachée au devant du dais ; un grand pélican brodé en bosse en garnissait le milieu. Un registre en vélin de cette confrérie, commencé en 1550, donne, jusqu'en 1680, les comptes des recettes et dépenses faites annuellement par les quatre bayles ; ce livre précieux, conservé aux archives de la Mairie, est enrichi de peintures brillantes de la main de nos plus habiles émailleurs ; Léonard *Limousin,* Pierre *Reymond,* etc. Une belle figure de saint Pierre en ornait le frontispice. Les joyaux sacrés que la confrérie ajoutait de temps à autre à son trésor, y sont peints des couleurs les plus éclatantes, rehaussées d'or et d'argent ; les yeux s'arrêtent de préférence sur une croix à doubles branches, de vermeil, incrustée de pierres fines, améthistes, émeraudes, rubis, turquoises, etc., et ornée d'arabesques ciselées ; sur un calice d'or, avec sa patène, un ostensoir, une navette à encens, un encensoir, des burettes, des panonceaux, vases à eau bénite, et des candélabres, ciselés dans le goût de la renaissance, dont tous les détails les plus chatoyants des pierres ou des métaux, sont habilement rendus par le peintre émailleur, le monogramme du Christ, J. H. S. *Jesus hominum salvator*, figurait sur tous les joyaux en lettres gothiques élégamment enlacées.

Un amateur de cette ville est possesseur d'un panonceau de cette confrérie, portant la date de 1602, en argent ciselé et repoussé ; on y voit dans le centre un calice de forme antique dont la coupe ressemble à une tulipe ouverte, d'où s'élève une hostie plus grande que l'orifice du calice ; des deux côtés, deux anges ailés tiennent des flambeaux ou cierges enflammés ; le calice repose sur un petit autel à deux marches ; le tout est encadré par une couronne de laurier et de fruits ; un petit écusson portant un chevron entre deux roses quintefeuilles, au-dessous un cœur, est sans doute celui du donataire ; on lit sur les marches du petit autel, entre deux bordures de perles et de pierres fines : SOLA-FIDES-SVFFICIT.

Il faut lire dans le registre de la Mairie, les inventaires annuels des bayles, pour se faire une idée des richesses qu'avait accumulées cette confrérie en étoffes précieuses, vases, croix, bourdons, livres d'évangile, paix, corporaux, et ornements sacerdotaux ; les bagues et bijoux d'or que les dames dévotes attachaient chaque année au principal candélabre depuis tant de siècles. Le vénérable Bernard Bardon, avocat, mort en odeur de sainteté, était bayle du Saint-Sacrement en l'année 1593-1594.

Une partie de leurs grands candélabres et de leurs chandeliers fut prise pour servir à la fabrication de pièces d'artillerie, pendant les guerres de religion, où les doyens, chanoines et chapitre de la cathédrale, n'étant pas en sûreté dans la *cité*, se retirèrent en ville haute ou du *château*, et firent le service divin à Saint-Pierre, jusqu'à la publication de l'édit de pacification du mois de mai ; ce qui avait duré près de six ans ; les confrères du Saint-Sacrement déposèrent entre leurs mains une protestation.

Nous avons déjà parlé des secours que cette confrérie donna à la fabrique lors de grandes constructions, voici à ce sujet, l'extrait de son registre : « 22 de juing,
» de l'an 1588, les baylles ont compté la somme de
» quatre-vingtz *escutz sol* d'or (écus au soleil), pièces
» de France auz *fabricqueurs* de St-Pierre, pour y celles
» employer à la construction du bastiment neuf et agran-
» dissement faict à lad^e esglise. Plus avons baîlhé à
» Françoys Cullet, M^e maçon dud^t bastiment p^r avoir
» gravé les armoiries de lad^e frayrie à l'entrée dud^t
» bastiment par le dehors p^r son vin 10.. »

La confrérie de *Saint-Roch* et de *Saint-Sébastien* prenait rang après la baylie des Ames, les membres faisaient à la suite des fabriciens et des *Amiers*, la quête à la grand'messe, les jours de dimanche, allaient à l'offrande, et avaient droit de stalle et de banc. Leurs panonceaux en émail sur lesquels figuraient leurs deux saints patrons avaient été peints par *Laudin*. Le corps de ville assistait à leur fête solennelle dont il payait les frais, un reposoir était dressé le jour de saint Roch au consulat.

La confrérie de *Notre-Dame-des-Agonisans* avait un sonneur particulier; ce valet d'église, lorsqu'un paroissien

touchait à son dernier moment, et qu'il était recommandé aux prières des confrères, pendant que l'agonie sonnait au clocher, allait à tous les coins de rue de la paroisse, n'importe à quelle heure du jour ou de la nuit, donner l'avertissement par trois coups de sa cloche, en criant « Vous tous qui êtes de la confrérie de
» Notre-Dame-des-Agonisants, priez Dieu pour N.....
» demeurant rue N..... qui est à l'heure de la mort. »

La confrérie de *Saint-Rustice* ou *Rustique*, martyr, était attachée à la chapelle et à la châsse de ce saint, qu'elle accompagnait dans les processions du mardi de Pâques et des ostensions.

La confrérie des Bouchers sous l'invocation de saint Jean-Baptiste, s'est fondue dans celle de Saint-Aurélien dont nous parlerons, en faisant mention de leur chapelle.

La congrégation des *Artisans* ou des *Vieilles* a succédé aux trois congrégations des *Messieurs*, des *Artisans* et des *Ecoliers* qui s'étaient formées dans une chapelle du collège ; cette belle chapelle a été transportée à Saint-Pierre, lors de l'ouverture du Lycée impérial ; elle est remarquable par ses sculptures et ses tableaux ; cette congrégation reçoit aujourd'hui dans son sein des femmes qui y sont en majorité : une simple croix et une bannière, sont tout ce qu'elle déploie dans les processions.

L'abbé Bullat, partisan de l'institution des Pénitents, répondait à leurs détracteurs, que leur *chant*, d'une langoureuse harmonie, était celui de la pénitence, que leur *sac* ou *froc*, qui paraît ridicule était presque semblable à celui des anciens religieux et des solitaires, que tout étrange qu'on le trouvait de nos jours, Henri III, les princes et les seigneurs de sa cour l'avaient porté processionnellement à Avignon; leur couleur était aussi symbolique, choisie suivant leur institution ou celle qui était particulière à leur patron.

La plus ancienne compagnie de *Pénitents* est celle des *noirs*, fondée par le *bienheureux Bardon-de-Brun*, avocat et prêtre, né à Limoges l'an 1564, mort le 19 janvier 1625 dans la même ville, en odeur de sainteté. L'urne qui contient ses restes, est placée dans une niche, vis-à-vis la chapelle des Pénitents noirs de l'église de Saint-Pierre. Après avoir été un écolier fort distingué à Limoges, Bardon alla étudier la jurisprudence à Toulouse; il fut l'un des fondateurs de la confrérie de cette grande ville; de retour dans sa patrie il en établit une semblable, avant 1598, avec les mêmes statuts et les mêmes pratiques religieuses.

Cette compagnie avait adopté la couleur noire, signe de deuil, parce qu'on s'en sert à Rome pour l'office du Vendredi-Saint, ainsi que dans le diocèse de Limoges, avant qu'il eût un bréviaire particulier. Ses fêtes sont celles de la sainte Croix, qu'elle a prise pour emblème, avec les devises : *In hoc signo vinces*, ou *O Crux Ave*! Les Pénitents noirs donnaient autrefois la sépulture aux suppliciés, mais ayant cru devoir s'abstenir lorsqu'un de leur confrère mérita la peine de mort, les *rouges* s'approprièrent le droit d'exercer cet acte de charité.

Les *noirs* avaient le pas sur tous les autres Pénitents dans les processions générales; l'élection de leurs officiers avait lieu le 29 janvier, jour de saint François-de-Sales.

Cette confrérie construisit, à son origine, un oratoire ou tribune dans l'église de Saint-Michel-de-Pistorie, près d'un coteau bien exposé, sur lequel on récoltait du raisin qui produisait le vin des *Pénitents noirs*, estimé de nos pères. Ils sont établis à Saint-Pierre depuis le rétablissement du culte. Leur croix processionnelle est en ébène, entourée d'une bordure d'argent où sont ciselés des rameaux, des larmes et des étoiles ; leurs bâtons noirs semés de larmes blanches, portent à leur extrémité supérieure une croix de la passion avec la lance et l'éponge, au milieu d'un cercle à rayons d'argent. Cette croix se retrouve sur leurs panonceaux, plantée au-dessus d'un tombeau, avec la devise *O Crux Ave !* une tête de mort et des larmes émaillées en noir sur fond d'argent.

Le voile de leur croix est en étoffe de soie noire chargée de larmes brodées en argent, il est orné de franges, de crépines et de houpes du même métal.

La confrérie des Pénitens noirs possède un trésor de reliques dans des châsses ou reliquaires, et entre autres le chef du vénérable Patriarche de Jérusalem, Guillaume Lamy, né à Limoges. Cette tête reposait dans une chapelle de la cathédrale ; au moment de la crise la plus violente du vandalisme révolutionnaire, des ordres furent donnés par les autorités de l'époque, de brûler toutes les reliques de cette église ; on les plaça sur un bûcher au milieu du parvis de la basilique, pendant qu'on y mettait le feu qui consuma toutes les autres, la tête du vénérable Lamy roula et fut recueillie mystérieusement par un sonneur, témoin de cette impie et sacrilège profanation, qui la remit à une sœur de la charité ; la pieuse fille la confia plus tard aux Pénitents noirs, avec la recommandation de la réunir aux cendres du bienheureux Bardon, leur fondateur.

N'oublions pas d'ajouter que le portrait de Bardon est très-répandu à Limoges, il en existe de peints sur toile, sur bois, sur cuivre ; Léonard Limousin l'émailleur peignit ce saint prêtre sur émail, en robe d'avocat ; ce portrait est gravé avec des vers latins à sa louange, en tête du livre d'offices des Pénitens noirs. Le missel de Bardon fut longtemps conservé chez les Carmes déchaussés, et passa de leur bibliothèque dans celle des religieuses Filles-de-Notre-Dame.

Les *Pénitents blancs* avaient une très-belle tribune dans l'église de Saint-Julien qui datait du XVIe siècle ; une bulle du pape Paul V leur accorda des indulgences plénières à certaines conditions. On lisait en 1769, à Saint-Julien, les épitaphes de ceux de leurs confrères qui avaient fait des fondations. M. Joussent avait donné 1200 livres employées à l'achat de quatre bâtons et de 6 pannonceaux d'argent fin : on lui faisait un service annuel le 13 juin, jour de saint Antoine ; il est représenté en habit de Pénitent, aux pieds de la sainte Vierge et de son divin fils, dans un tableau qui décore la tribune actuelle ; M. de *Beaubreuil* qui légua 300 fr. et M. *Roby* 200 fr., avaient aussi des services anniversaires, comme bienfaiteurs ; de nos jours un descendant du premier, M. Jérémie de *Beaubreuil*, mort *Prieur*, a laissé à son décès, une somme de mille francs à la confrérie. L'élection de ses officiers avait lieu jadis le Ier dimanche de carême, ses fêtes sont la *Nativité* et la *Décollation* de saint *Jean-Baptiste*.

La couleur du *sac* ou *froc* de ces pénitents, ou habit de pénitence, peut être considérée comme le symbole de l'innocence et de la pureté dans lesquelles passa sa vie, le saint *précurseur*, leur patron. Le *blanc* est aussi la couleur de l'*agneau sans tache* de saint Jean, emblême favori de la confrérie, dont la devise est : *pœnitentiam agite.*

Un tableau, placé près de l'autel de leur tribune, représente saint Jean prêchant, dans le désert, la pénitence ; deux pénitents blancs, vêtus de leur robe, sont au premier rang des auditeurs ; un autre tableau plus grand montre le martyre du même Saint, dont Hérodiade reçoit la tête dans un plat ; à l'autel de Saint-Jean, placé à l'autre bout de l'allée, en face de la tribune, le principal tableau représente le baptême de Jésus-Christ dans le Jourdain, par saint Jean ; il y a encore plusieurs autres petits tableaux de mérite.

Monseigneur du Coëtlosquet, évêque de Limoges et précepteur des enfans de France, voulut être reçu confrère de cette compagnie ; cet exemple a été imité depuis par MMgrs *Du-Bourg, Tournefort* et *Buissas.*

Après la destruction de Saint-Julien—Saint-Affre, les pénitents blancs restèrent quelque temps à Sainte-Marie, puis vinrent se fixer à Saint-Pierre, où ils ont une chapelle et une belle tribune placée en perspective de leur autel, dans la partie sud-ouest de cet édifice.

Leurs plus anciens panonceaux, en cuivre argenté, datent de 1656 ; saint Jean et son agneau en occupent le champ ; ils en ont fait faire de plus riches et d'un travail plus moderne ; leurs bâtons blancs présentent l'agneau de saint Jean, avec la petite bannière, entouré de rayons ; cet emblême se retrouve sur les fallots qu'ils portent dans leur procession, le soir du Jeudi-Saint ; il est encore ciselé sur leur croix processionnelle enrichie de pierres fines et d'une bordure d'argent délicatement découpée. Leur voile principal est une dentelle d'un grand prix, sur deux côtés duquel est brodé un Saint-Jean-Baptiste. Ces pénitents possèdent aussi un livre des offices qui leur sont particuliers; ils viennent d'organiser entre eux une association de secours mutuels, qui ne fait qu'ajouter à leurs statuts généraux, l'exécution plus spéciale encore des articles qui leur prescrivent d'assister leurs confrères.

Les *Pénitents rouges*, appelés aussi *pourpres de charité*, ou de *Jésus patissant*, furent fondés en 1660, par M. Goudin, curé de Saint-Aurélien. Une bulle du pape Alexandre V, datée de 1661, accorda plusieurs indulgences à cette confrérie. La société de la *Miséricorde*, de Lyon, lui envoya, sur sa demande, ses statuts et règlements. Ces pénitents regardent aussi comme un de leurs fondateurs, le bienheureux Bardon. La devise de leur institution était : *quæ à Deo sunt, ordinata sunt*. Ils solennisent le mystère de la transfiguration comme leur fête patronale, et ont adopté le vêtement rouge, couleur que prend le diocèse pour l'office de ce jour. Suivant l'esprit de l'Evangile, le mystère des souffrances de Notre-Seigneur étant lié à la gloire du Thabor, ils ont un *Ecce homo* brodé sur l'épaule droite. La couleur de leur sac est moins rouge que pourprée, c'est celle du sang coagulé sur le corps de Jésus-Christ, quand Pilate le présenta aux Juifs en disant : *Voilà l'homme!* Ils portent le cordon noir, symbole de deuil et de tristesse; de là était venu l'usage qu'avait cette compagnie de représenter le collège des apôtres avec les saintes femmes, ce qui rendait si intéressante leur procession des années d'*Ostension*, qu'ils faisaient le jour de l'Ascension, où ils visitaient les églises et vénéraient les reliques des Saints; on en compta 460 tous vêtus, une année d'Ostension.

Leur *charité* s'exerçait par excellence sur les prisonniers, à qui ils prodiguaient des soins journaliers; ils nommaient tous les ans un *syndic* et douze *visiteurs*, chargés de faire la quête à la porte des églises où le Saint-Sacrement était exposé, ils la faisaient également trois fois par semaine aux marchés et à la boucherie, et de ses produits procuraient aux prisonniers une couche commode, des aliments variés, du linge et des vêtements propres, et satisfaisaient à quelques autres fantaisies de malades.

Quand un criminel était condamné à mort, les douze visiteurs, revêtus de leur froc, parcouraient la ville, un petit tronc à la main, sollicitant des aumônes, afin de faire acquitter des messes pour le repos de son âme, et lui fournir les adoucissements que sa position réclamait; donner satisfaction à ses goûts et désirs, dans ses derniers moments, et pourvoir à la décence de sa sépulture; s'il n'avait à subir que de simples peines corporelles, ils ne négligeaient rien pour calmer sa douleur et hâter sa guérison.

Anciennement, quand un criminel devait être exécuté à mort, tous les confrères se rendaient en habit pénitentiaire, croix levée et un flambeau à la main, autour du gibet, pour, aussitôt après l'exécution, en détacher le supplicié, bonne œuvre qu'on mettait aux enchères; ensuite on le portait processionnellement dans l'église de Saint-Cessateur, là après avoir chanté l'office des morts, on l'enterrait au cimetière exclusivement consacré aux suppliciés.

Un fuyard de la milice ayant tué un archer qui était venu le capturer dans un lieu où il devait le laisser caché en toute sûreté, suivant la convention faite entre eux deux, et le payement d'une somme exigée par l'archer; ce *refractaire*, dis-je, fut condamné à mort. Irrités de cette trahison, les écoliers de Limoges s'entendirent avec les Pénitents pour le sauver; ils réussirent à frotter d'eau forte la corde, afin qu'elle ne pût supporter le poids du patient, dont on devait protéger la fuite après sa chute, ce qui arriva comme on l'avait arrangé; depuis ce jour, il fut défendu aux Pénitents de se trouver au lieu de l'exécution avant qu'elle eût eu son effet. Les Pénitents rouges continuèrent les mêmes actes de charité envers les suppliciés, quoiqu'on leur ait retiré le droit de nommer des visiteurs pour soigner les prisonniers.

Cette compagnie occupait l'église de Saint-Cessateur, annexe de Saint-Aurélien, et s'établit définitivement depuis la révolution dans une chapelle de Saint-Pierre-du-Queyroix.

Leurs panonceaux d'argent massif, ont un *ecce homo* ciselé au milieu, un emblème semblable termine le bout supérieur de leurs bâtons rouges semés de cœurs d'argent; une gloire de cuivre argenté environne l'*ecce homo*. Un cœur dans une couronne d'épines et le mot *charitas*, sont sculptés en argent sur une croix d'acajou garnie de bordures du même métal, et sur le double écusson d'argent de la verge portée par leur bedeau. Le plus beau de leurs voiles est en damas cramoisi bordé d'un large galon d'or festonné, avec franges en torsades, trois grandes houpes à gros grains, le tout en or : il fut donné par M. *Fournier*, receveur-général. Un *ecce homo* d'un demi mètre de haut est brodé en or ou en argent sur chaque côté de ces voiles, suivant leur importance.

Les *pélerins* de Saint-Jacques-de-Compostelle, étaient ainsi nommés, parce qu'anciennement pour être reçu leur confrère, il fallait avoir fait le pèlerinage de San-Yago en Galice, et en montrer les lettres. *Compostelle* vient des deux mots latins, *Campus Stellarum*, (champ étoilé) parce qu'on prétend que le vaisseau chargé des

des reliques de l'apôtre saint Jacques, ayant abordé la côte de Galice, un chemin tout parsemé d'étoiles traça la direction pour arriver au lieu où le saint voulait être déposé. Cette confrérie autrefois établie à Saint-Christophe et Saint-Jacques, près des Bénédictins, jouissait d'une certaine somme de rentes; après la démolition de Saint-Christophe, elle vint s'éteindre à Saint-Pierre, où sa croix processionnelle est encore attachée à un des piliers devant le sépulcre; ces pèlerins portaient un chapeau et un grand collet couverts de coquilles, une robe de bure, des sandales, et tenaient à la main un *bourdon* ou bâton auquel une gourde était suspendue.

Nous ne citerons que pour mémoire la corporation des *Serruriers* de Limoges, dont saint Pierre est le patron, à cause des clefs qui sont l'attribut du prince des apôtres; ces honnêtes artisans se rendent en corps le jour de leur fête, dans l'église de ce nom et assistent à une grand'messe chantée à leurs frais: les *Charpentiers* y célèbrent souvent la fête de saint Joseph par une messe en musique, et portent dans leur procession une petite *charpente*, chef-d'œuvre et emblême de leur profession. Les *Menuisiers* fêtent de même la sainte Anne.

Depuis quelques années l'élite des Musiciens de la ville semble avoir adopté l'église de Saint-Pierre, et y vient régulièrement solenniser la fête de sainte Cécile par une messe choisie dans les œuvres des grands compositeurs. La Société Philharmonique y a fait entendre un beau *stabat*, et les meilleurs morceaux de musique religieuse.

Nous ne sortons pas de la paroisse de Saint-Pierre, en parlant à la suite des Pénitents et Congrégations de cette église, de la confrérie des Pénitents *feuilles mortes* ou de la *miséricorde*, qui sont établis à Saint-Aurélien, chapelle dépendante de Saint-Pierre et desservie par un de ses vicaires. Ces Pénitents de Saint-Martial de Mont-Jovis, avaient adopté la couleur des *feuilles mortes*, comme le symbole de la mortification et du détachement du monde; leur patronne, sainte Marie-Magdeleine, ayant exercé pendant sa vie de pieuses austérités sur son corps. Leurs statuts furent approuvés par une bulle du pape Paul V, de 1619. Ils avaient choisi quatre ans avant pour y faire leurs offices, l'église de Saint-Martial-des-Ardens du faubourg Montmailler ou Montjovis; leurs fêtes sont celle de ce saint et de sainte Magdeleine. Cette dernière est représentée sur leurs panonceaux et sculptée au haut de leurs bâtons entourée de rayons d'argent; ces panonceaux sont aussi d'argent, les uns n'offrent que le buste de la sainte tenant une tête de mort entre deux chérubins; sur d'autres ornés d'arabesques découpées à jour, elle est assise ayant un vase de parfum dans une main, et une croix dans l'autre. Le voile de la croix de cette confrérie est d'un damas vert jaune semé d'étoiles et de larmes brodées en argent, bordé de galons et terminé par des houpes du même métal; la croix processionnelle est d'ébène plaquée d'acajou bordée de ciselures ou dentelles d'argent; au milieu d'une couronne d'épines, un soleil composé d'une grosse pierre fine blanche entourée de pierres jaunes; de l'autre côté un beau Christ d'argent dans une gloire, rayons d'argent dans les angles. L'élection de leurs officiers se faisait le dimanche de Quasimodo; leur devise est tirée de saint Luc : *facite fructus dignos pœnitentiæ*.

Après la démolition de Saint-Martial du Montjovis ou *Gaudli*, les Pénitents *feuilles mortes* se réfugièrent à

Saint-Michel-des-Lions, puis se fixèrent à Saint-Aurélien. Parmi leurs bienfaiteurs qui ont droit à un anniversaire, les plus anciens sont : Antoine *Bonnet*, Raymond *Garat*, Martial *Essenaud*, Bonaventure *Colusson* : on reconnaît parmi leurs fondateurs des membres des familles, *Belut*, *Farne*, *Fournier*, *Ribière*, etc.

Dans la même église de Saint-Aurélien, la confrérie ou corporation de ce nom, composée des bouchers de Limoges, fait toutes ses cérémonies religieuses. Elle a son drapeau septennal pour les ostensions qu'elle fait flotter sur le clocher de sa chapelle, dès la mi-carême de l'année qui doit voir célébrer ces pieuses solennités. La couleur de cette bannière, comme celle de la cocarde des confrères, est *verte* et *blanche* ; ils portent en outre à leur chapeau une branche de laurier aux processions des ostensions, et sont armés d'un mousquet, chacun d'eux est vêtu de noir. Leurs dignitaires tiennent à la main, à ces processions comme à celle de Quasimodo, où de la fête de leur saint patron, le 10 mai, des panonceaux ornés du buste de saint Aurélien, ou d'énormes cierges pesant quatre à cinq kilogrammes. Comme saint Aurélien est plus ancien que saint Loup, évêque ainsi que lui de Limoges, c'est par les reliques du premier que se fait la clôture des ostensions, l'ouverture en étant faite par le chef de saint Martial à Saint-Michel-des-Lions.

Cette chapelle placée dans la rue *Torte* ou *Tortueuse* était une annexe de la paroisse de Saint-Cessateur, elle fut consacrée à saint Aurélien, successeur immédiat de saint Martial et 2e évêque de Limoges ; nos annales manuscrites racontent que *Marcus Aurelius Cotta*, prêtre païen de Rome, envoyé par l'empereur pour empêcher les progrès du christianisme dans les Gaules, fit fouetter de verges et emprisonner saint Martial : tué d'un coup de foudre, il fut ressuscité et converti par cet apôtre, qu'il remplaça dans son siège épiscopal.

Cette église reçut en 1315, les reliques de saint Cessateur, autre évêque de Limoges, que transféra *Régnault-de-la-Porte*; elle fut rebâtie en 1471 par Jean-Barton-de-Montbas Ier. Les bouchers achetèrent en 1795, après la destruction de l'église des Carmes des Arènes, et placèrent à l'entrée principale de leur chapelle, une croix de granit d'un seul bloc, haute de cinq mètres, sur laquelle sont sculptés deux à deux les douze apôtres, avec leurs attributs, placés sous des dais gothiques. Elle est d'une légèreté de sculpture surprenante et riche vu la dureté de la matière, ses ornements sont très-délicats. Le style se rapporte au XVe siècle.

Messieurs les Bouchers de Limoges ont été les gardiens fidèles des reliques de leur saint patron, ils n'ont pas permis que leur chapelle fut profanée par le vandalisme révolutionnaire, elle est toujours décorée par leurs soins avec un luxe et une élégante propreté et ne le cède à aucune autre église de la ville. On conserve dans son trésor un précieux *bahut émaillé* de style byzantin représentant deux évêques, saint Cessateur et saint Martin d'un côté, et le martyre de saint Sébastien de l'autre, sur les côtés sainte Catherine et saint Pierre, les inscriptions sont en lettres du XIIIe siècle.

<=>

« Le plan de l'église de Saint-Pierre présente un
» rectangle d'environ 33 mètres de long sur 13 de
» largeur, (100 pieds sur 40) il est inégalement par-
» tagé par six rangées de piliers d'un diamètre assez

» considérable dont les entr'axes sont d'environ 6 mè-
» tres 50 centimètres, (20 pieds) et supportent une
» suite d'ogives ordinaires, mais les retombées des arcs
» s'y arrêtent à des hauteurs inégales sur un même
» pilier, ce qui produit un effet désagréable.

» Les piliers de gauche sont masqués presque en-
» tièrement par les chapelles qu'on y a adossées et qui
» nuisent beaucoup à l'effet du reste. »

(Allou, page 175.)

On cite pour sa hardiesse la colonne du pilier si délicat en comparaison des autres, de la voûte au-dessus de la chapelle de Notre-Dame-des-Agonisans et de la tribune des *pénitents blancs*, voûte qui fut élevée en 1545 par les soins et aux frais des confrères du Saint-Sacrement.

Au milieu des réparations et des additions nombreuses qu'a subies cette *lourde* architecture, il est difficile d'en démêler aujourd'hui le plan primitif : « Sur la façade,
» le portail paraît avoir été construit vers la fin du
» XIIe siècle, quelques arcs en plein cintre avec des
» tores aux archivoltes ; dans l'intérieur, les fenêtres
» également en plein cintre, les colonnes massives
» et lourdes de la nef, leurs chapiteaux écrasés ornés
» de palmettes ou de végétaux fantastiques, tels sont
» les indices qu'on trouve d'une construction évidem-
» ment assez ancienne, et qui paraît se rapporter aux
» XIIe et XIIIe siècles; d'un autre côté les nervures
» prismatiques qui tapissent presque toutes les voûtes,
» l'addition de chapelles au nord, et d'un collatéral tout
» entier au sud, enfin çà et là des placages ou des
» réparations gothiques, exécutés à l'intérieur, ou à
» l'extérieur, ont enlevé à Saint-Pierre le caractère

» bysantin qu'il devait avoir autrefois. Dans son état
» actuel, l'église forme un carré divisé en cinq nefs
» dont la dernière du côté du sud est évidemment une
» addition assez moderne; il n'y a point de chœur, du
» moins indiqué par l'architecture, ni d'apside orientale,
» de ce côté le maître-autel s'appuie à un mur perpen-
» diculaire à l'axe de l'église et percé de grandes fe-
» nêtres flamboyantes ornées de vitraux d'une riche
» couleur.

« Je pense que l'église bysantine avait cinq nefs, et
» j'en juge par les grosses colonnes dont j'ai parlé qu'on
» voit encore disposées sur quatre lignes parallèles.
» Dans une restauration qui probablement eut lieu vers
» la fin du XIVe siècle, le dernier collatéral du côté
» du nord fut divisé en plusieurs chapelles, et en même
» temps on en construisit un autre au sud; de la sorte,
» la nef principale se trouva déplacée et transportée au
» premier collatéral sud, transformation d'autant plus
» facile que la largeur des cinq nefs était la même
» autrefois. » Extrait d'un voyage en *Auvergne* et en
Limousin, par M. Prosper Mérimée, inspecteur-général
des monuments historiques de France, en 1837.

Sur les clefs de voûte de la nef du milieu sont
sculptées des étoiles et des croix de formes diverses,
sous les fenêtres de la galerie de cette grande nef on
voit des fleurs-de-lys et le monogramme du Christ,
marque de la confrérie du Saint-Sacrement qu'on retrouve avec la date de 1546, sur la clef de voûte au-
dessus de Notre-Dame-des-Agonisans ; dans la seconde
allée, coquilles, clefs en sautoir, rosaces; au-dessus de
la chapelle des Pénitents rouges (actuelle) une main
bénissante, allusion probable à la fondation des *Benoits*

(*Benedicti*), dans la voûte sur l'autel de la congrégation, évêque crossé et mitré, qui semble désigner l'ancienne chapelle de saint Martial; enfin devant saint Vincent de Paule, les deux retombées de l'arcade sont soutenues par un buste de roi couronné et une autre tête barbue, placées l'une et l'autre en guise de cariatides; au-dessus de l'autel, un écusson à 3 roues, 2 et 1, répété sur le mur en face, (1) et rosaces à la clef de voûte; au-dehors de l'église sur la porte qui s'ouvrait vers le collége, une tête de mort sculptée avec la date de 1588, indiquait un des cimetières; le contrefort placé près de la grille du sépulcre offre la représentation de la sainte Vierge assise entre deux anges et deux adorateurs, sous un portique gothique au-dessous duquel sont deux têtes dans des médaillons, et une inscription en partie mutilée, contenant six vers latins en écriture du XIIIe siècle, plus ancienne que le contrefort; sur un autre contrefort, un écusson effacé surmonté d'un chapeau de cardinal, la date 1708 avec une tête de mort, sur la cage extérieure de l'escalier du sépulcre.

La façade extérieure manque de régularité comme les constructions intérieures, trois niches sont creusées au-dessus du grand portail, les statues de grandeur naturelle de saint Pierre, saint Paul et saint André les remplissent; de l'autre côté du clocher, saint Martial, saint Léonard et saint Sébastien occupent trois niches de même dimension et placées dans le même ordre; plus bas, sont deux bas-reliefs encadrés, dont l'un représente la *Nativité de Jésus-Christ*, et l'autre l'image d'un *Ostensoir* ou *Saint-Sacrement* de forme antique. Les

---

(1) Armoiries de la famille *Rouard*.

choix de ces statues et bas-reliefs se rapportent aux Saints honorés dans les diverses chapelles de cette église.

⇿

A droite de la porte occidentale de Saint-Pierre s'élève une tour à base quadrilatère, sur laquelle est élevée une pyramide, entre quatre clochetons. Ce clocher, estimé des connaisseurs à cause de ses belles proportions, servit de modèle pour ceux des autres églises de Limoges. Moins ancien que le vieux temple de Saint-Pierre, il paraît avoir été commencé au XIIe siècle, où il fut fort endommagé par la foudre. « Le mardi
» après la translation de saint Benoit, sans que rien
» ne l'annonçât dans le ciel, la foudre frappa ce clocher à
» l'heure où l'on soupait : le coq, la croix, une partie
» du pinacle, des pierres de la flèche du clocher, des
» cloches, les croix de deux clochetons furent renversés,
» le clocher éprouva de grandes avaries ; un *clerc* qui
» était dans l'église fut blessé par la chute des pierres
» et mourut trois jours après. Ces mutilations du clo-
» cher et des clochetons ne furent réparées qu'en l'an
» 1302.

Nadaud, mém. mss. 2. 2 pa. 26.

Un de ses clochetons qui en fut également frappé, fut achevé de rebâtir le jour de sainte Magdeleine de l'an 1595. Malgré de fréquents accidents, il est encore en bon état et dans toute son intégrité. Ce clocher que nos ancêtres regardaient avec affection pour leur paroisse, comme la plus belle pyramide de France, fut l'objet du culte particulier d'un nommé *Péga*, qui l'habitait nuit et jour pendant la belle saison ; ce malheureux réduit à la dernière détresse, quoiqu'il cumulât les fonctions de sonneur d'agonie et de fossoyeur, y établit longtemps son domicile; il n'en descendait que pour s'asseoir dans une cabane construite au milieu du cimetière avec des planches de cercueils.

Nos vieux parents se rappellent encore qu'il couchait les hivers sur un banc, enveloppé dans un vieux drap mortuaire. Lors des dernières réparations de la voûte joignant le clocher, on retira des décombres un cadavre desséché, qui ne peut être que celui du pauvre *Péga*, digne précurseur du Quasimodo de M. Victor Hugo.

La principale cloche de ce clocher est la fameuse *cloche de Tarn*, achetée par la fabrique de Saint-Pierre à la commune de *Tarn*, près Aixe, et dont l'enlèvement excita une espèce d'émeute; deux des plus zélés fabriciens, MM. Jean-Baptiste Maurensane et François Pradeaux, ayant été accueillis par la populace armée de fusils, broches, fourches, haches, etc., ne purent venir à bout de leur entreprise qu'avec le secours de la force armée (1) venue de Limoges en toute hâte. Cette expédition, qui ne fut ni sans dangers ni sans gloire, inspira, dans son temps, deux poèmes en vers français et un en vers latins. Sur la tribune de l'orgue attenant à ce clocher, on peut voir la célèbre horloge de Saint-Martial; elle représente la *Mort*, squelette qui pour frapper les heures avec sa faulx sur un globe, tourne la tête à droite, ouvre la mâchoire inférieure et lève ses deux bras. La mort est assise sur un panier de fleurs d'où s'élance un serpent. Cette allégorie aussi ingénieuse que morale, est comprise de tout le monde.

(1) Un détachement de lanciers Westphaliens.

4..

Dans un enfoncement ménagé derrière l'escalier de ce clocher et ouvrant dans l'église, M. le curé Dubranle fit peindre à fresque un calvaire. La croix de fer de son autel est celle d'un monument élevé à la suite d'une mission prêchée à Saint-Pierre, qu'on ôta de la place voisine lors de la révolution de 1830, ainsi qu'une grande croix de bois que les Pénitents noirs mirent dans leur chapelle.

Dans les éphémérides de 1765, M. Desmarets cite, parmi les particularités dignes de remarque, un tableau peint en 1551 par Léonard Limousin, émailleur et valet de chambre du roi François Ier. Ce monument de l'ancienne peinture était à gauche dans un retable fermé, il représente Jésus-Christ et ses apôtres, lorsque l'incrédule Thomas met ses doigts dans les plaies de son divin maître : M. Desmarets trouvait de la vérité dans le dessin de ce tableau, mais de la sécheresse dans la touche, défaut commun de ces vieux ouvrages ; il est aujourd'hui au musée de la ville. Les quatre médaillons peints sur les panneaux mobiles qui le fermaient méritaient quelque attention ; c'étaient l'Ascension et la Pentecôte, d'après le Poussin ; et dans le bas les disciples d'Emmaüs et un *noli me tangere*; les personnages de ce dernier médaillon avaient du mouvement.

Le tableau du maître-autel peint par Mésonade, représente saint Pierre recevant le pouvoir des clefs de Jésus-Christ ; on le croit copié d'après Jouvenet, et on en trouve le coloris un peu trop uniforme ; le modèle de ce tableau en petit existe encore dans une famille, dont la tradition est qu'il fut envoyé de Rome et un autre, ébauché à l'encre de la chine que possède un amateur de curiosités, semblent faire penser que ce beau tableau fut peint dans le pays.

Les autres tableaux anciens et remarquables de cette église sont ceux de la chapelle de la Congrégation venant du collège, une assomption de la Vierge, saint Jean et saint Joseph en médaillons; une autre assomption, une sainte Magdeleine, le miracle ou la guérison du mal des ardents par saint Martial, près des fonts baptismaux, le baptême de Jésus par saint Jean, une sainte Anne et autre sainte Magdeleine, à l'autel de saint Jean; saint Ignace, François-Xavier, etc., dans diverses localités de l'église.

Devant la chaire un grand tableau moderne donné par le ministre de l'intérieur, peint par mademoiselle Michel, de Limoges; et près de la chapelle des Pénitents noirs un crucifiement de saint Pierre d'un artiste Limousin, M. Joliet.

Parmi les produits de la sculpture nous devons citer les statues de saint Pierre et de saint Paul, du prophète Élie, de sainte Thérèse, l'aigle du chœur fait par Jean-Baptiste *Cohade*, qui, avec Joseph son fils, dora la chaire et fit les chapiteaux du maître-autel; et la sainte Vierge de Notre-Dame-des-Agonisans en albâtre.

Aux deux côtés du médaillon de saint Vincent de Paule, à son autel, les statues de saint Jean-Baptiste et de saint Joseph remplissent deux niches.

La statue de *Notre-Dame-de-Pitié*, tenant le corps de son divin fils sur ses genoux, est placée entre sainte Barbe, reconnaissable à sa tour, et sainte Marguerite foulant aux pieds le dragon.

Celles de saint Roch et de sainte Anne, décorent l'autel de Notre-Dame-des-Agonisans.

Sainte Claire portant un Saint-Sacrement se voit à la chapelle des Pénitents noirs.

Aux autels de la *congrégation* et de *Notre-Dame-de-Lorette*, deux saintes Vierges dorées.

Le *crucifix*, de la chapelle de ce nom, est d'une sulpture fort remarquable : ses pieds sont attachés à la croix par deux clous; celui qui est au-dessus de la porte du sépulcre est d'un travail bien plus ancien, il est revêtu d'un *petit jupon* autour des reins, et ses deux pieds placés l'un sur l'autre, sont fixés à la croix par un seul clou : deux statues d'ange tenant la lance et l'éponge, la sainte Vierge et sainte Magdeleine l'accompagnent.

VI.

Détails historiques modernes.

Le 24 mars 1798, l'assemblée du clergé des sénéchaussées de Limoges et de Saint-Yrieix, réunie relativement à la tenue des états-généraux, nomma à la majorité des suffrages, M. l'abbé Guingand de Saint-Mathieu, curé de Saint-Pierre, *son second député*. (Le premier nommé le matin, était Monseigneur Louis-Charles-du-Plessis-d'Argentré, évêque de Limoges). M. le curé déclara accepter la députation. Au nombre des électeurs présents, on comptait l'abbé Mitraud, pour les prêtres habitués et domiciliés de la paroisse de Saint-Pierre de Limoges, Romanet, curé de Saint-Aurélien, Tabaraud, prêtre.

Nous lisons dans un manuscrit de l'abbé Bullat, vicaire de Saint-Pierre, que le clergé de cette paroisse,
« repoussa le schisme, et qu'après la nomination d'un
» évêque *constitutionnel*, lorsque le secrétaire-général
» de la mairie fut envoyé pour ordonner de sonner
» toutes les cloches, les vicaires, en l'absence du curé,
» membre de l'assemblée nationale, répondirent : *Les*
» *cloches ne sonneront pas, elles ne veulent pas plus*
» *participer au schisme que le clergé, d'ailleurs ce n'est*
» *pas la sonnerie qui convient dans cette circonstance,*
» *où il n'y a pas de quoi se réjouir, mais celle qui*
» *est le signe de l'effroi et du malheur.*

» Les vicaires ayant refusé de faire un mariage sur
» une dispense de l'évêque révolutionnaire, celui-ci an-
» nonça qu'il viendrait le bénir lui-même ; ils lui firent
» répondre qu'il n'entrerait qu'après avoir forcé les
» portes qu'on fermerait à son approche ; il n'osa s'expo-
» ser à l'affront qui l'attendait et maria les contractans
» dans la chapelle de Saint-Aurélien. Les mariés ne
» se regardant pas comme légitimement conjoints, se
» séparèrent le même soir.

» Un des vicaires fut sur le point d'être envoyé
» au tribunal révolutionnaire, siégeant à Orléans, sur
» une dénonciation relative à la confession d'un
» enfant, qu'on avait disposé pour faire sa première
» communion. Par égard pour la qualité de député, du
» curé, à qui on espérait arracher le serment, on
» suspendit l'exécution de l'expulsion du clergé de son
» église, laquelle étant la seule où se fit l'office catho-
» lique, devint le rendez-vous de tous les prêtres fidèles
» chassés des leurs ; cette faveur faillit coûter bien cher
» aux vicaires et autres prêtres communalistes.

» Le mardi 25 avril 1791, la procession eut lieu le
» matin sans que le clergé fut inquiété, et une partie
» de ses membres regretta de s'être cachée par crainte
» de troubles ; on avait ajourné au soir le projet de se
» défaire des prêtres : L'enterrement d'un grenadier de
» la garde nationale en fournit l'occasion ; il devait
» avoir lieu le soir après vêpres. Le clergé sortant de
» l'église trouva le cimetière et la rue Rafilhou en-
» combrés de gens dont les uns proféraient des cris
» de mort, les autres en larmes connaissant le plan
» arrêté, tremblaient pour ce clergé voué au martyre,
» sans qu'il s'en doutât. Arrivés, en effet, devant la
» maison du défunt, les prêtres effrayés virent la com-
» pagnie de grenadiers rangée vis-à-vis la maison d'un
» traiteur de la rue Poulaillère. Au commandement de
» *mise en joue*, quelques prêtres fuyant furent arrêtés
» par leurs surplis, et pressés violemment par des
» hommes mal intentionnés. Le clergé se trouvant con-
» fondu dans la mêlée, la décharge devint impossible,
» l'officier commandant saisit alors l'officiant par le cou,
» et tenant son sabre pointé sur la gorge de sa capture
» sans défense, il l'accabla d'injures et de menaces ;
» pendant ce temps le convoi se mit en marche vers
» l'église ; les détails et les circonstances de cette dé-
» plorable crise furent consignés dans la gazette de
» Durosoy.

» L'évêque intrus voyant avec humeur l'affluence de
» tous les prêtres catholiques à Saint-Pierre, et crai-
» gnant d'être exposé à la risée et au mépris par la
» fermeté du clergé refusant d'assister à la procession
» de saint Marc, il se rendit la veille à la mairie, où
» il exigea d'un ton menaçant que tous les prêtres
» insermentés fussent remplacés par des *constitutionnels*.

» A neuf heures du soir l'arrêté sollicité fut rendu
» et signifié, il ordonnait que l'église serait vuide le
» lendemain matin à huit heures. Le vicaire qui reçut
» cette signification, la fit connaître aux différents mem-
» bres du clergé, à sept heures il célébra la dernière
» messe et porta le viatique chez un malade.

» Après ce dernier exercice du culte catholique dans
» la ville, il se retira. (Ce même vicaire, au rétablis-
» sement de ce même culte, en recommença l'exercice
» dans Limoges, il fut chargé de porter le saint Viati-
» que, à un cloutier de la rue *Puy-Vieille-Monnaie*.)

» A huit heures du matin, le curé assermenté de
» Saint-Just se présenta pour desservir provisoirement
» la paroisse. Il était assisté de trois religieux, deux
» *ex-grands carmes* et un *ex-cordelier*, qui venaient
» comme vicaires et assistèrent en cette qualité à la
» procession de saint Marc; l'un de ces ex-grands
» carmes appelés à l'improviste pour donner l'Extrême-
» Onction à un agonisant, n'ayant pas trouvé de saintes
» huiles, les remplaça dans son embarras, par sa sa-
» live, et fit observer aux témoins mécontents, qu'en
» baptisant on se servait indifféremment d'huile et de
» salive pour les onctions, ce qui parut les satisfaire.

» Quelque temps après on nomma curé constitution-
» nel un génovéfain, dont les premiers actes furent
» assez pacifiques, mais qui céda ensuite à l'entraîne-
» ment des passions de l'époque.

» Les paroissiens de Saint-Pierre étaient attachés aux
» bons principes, il eut été même difficile de les en
» détourner. Le redoutable incendie qui consuma plu-
» sieurs quartiers de cette paroisse, fournit aux membres
» du club révolutionnaire un moyen pour corrompre

» l'esprit général, lors de la distribution des trois cent
» mille francs décrétés par l'assemblée nationale, en
» faveur des incendiés, cette somme leur ayant été
» confiée; on endoctrinait les nombreuses victimes du
» feu lorsqu'elles venaient chercher leur indemnité.

» L'abbé Cogniasse, prêtre catholique, mourut et reçut
» de ses confrères qui vinrent lui rendre clandestinement
» leurs devoirs, les derniers secours spirituels; sa fa-
» mille fit exposer son corps à la porte de la maison
» mortuaire, d'où il fut conduit à l'église sans être
» accompagné de personne. Un ex-bénédictin, qui venait
» d'être attaché à Saint-Pierre en qualité de quatrième
» vicaire *constitutionnel*, irrité du mépris que la famille
» faisait de son ministère, quand seul avec le porte-
» croix il vint enlever le défunt, s'exhala en impréca-
» tions et poussa la rancune jusqu'à ne vouloir faire
» aucun office pour cet *aristocrate*. Dieu le permettant
» ainsi, afin qu'un prêtre mort dans le sein de l'église
» ne reçût pas les suffrages d'un schismatique. Le porte-
» croix, révolté d'une semblable démonstration de haine,
» entonna et chanta seul, l'antienne *salve regina*. Le
» vicaire se retira de dépit; à peine arrivé à la sa-
» cristie, il tomba dans un accès de folie, répétant à
» tout moment, *malheureux que je suis! non, je n'étais*
» *pas digne de prier pour un tel prêtre, il est au ciel,*
» *et moi, avec mon serment, où irai-je?*

» Ce fut chez un épicier de la rue du collège, (grand-
» père de l'auteur de cette notice,) que fut déposé le
» Saint-Sacrement pour les malades ou autres fidèles.
» Cette famille de bons catholiques eut le bonheur de
» le conserver jusqu'à la restauration du culte, par le
» moyen des prêtres cachés, qui y célébraient la messe
» à des distances rapprochées. »

Malgré la rigueur des lois et les dangers qu'il courait, le propriétaire de cette maison pratiqua des communications avec toutes celles qui l'avoisinaient ; il se fit devant cette humble chapelle des baptêmes, et des mariages entre personnes qui ne se contentaient pas des formalités civiles des autorités républicaines.

« Le curé émigra en Allemagne, les vicaires en Es-
» pagne, un seul communaliste finit par prêter le ser-
» ment, et fut mis à tête de la paroisse. » Sa présence n'empêcha pas l'église de Saint-Pierre d'être convertie en fabrique de salpêtre, ce qui augmenta l'humidité causée par sa construction à contre terrain.

On y établit une grande chaudière a la place du maître-autel ; d'autres chaudières furent placées sur plusieurs points, on entassa dans cet édifice une grande quantité de terres salpêtrées ; on y amoncela de même les moissons de feuilles de fougères que les dames patriotes de Limoges allaient couper tous les jours loin de la ville, escortées par la musique civique et en chantant des airs nationaux.

Il fallut plus tard le zèle ardent des premiers administrateurs et d'excessives dépenses pour rendre ce temple chrétien propre à l'exercice du culte.

« Le même communaliste assermenté se retira sans
» résistance, lorsqu'en vertu du concordat, le clergé
» orthodoxe reparut, mais non sans humiliation et sans
» regret d'être renvoyé. »

Grâces aux efforts du curé rendu à ses fidèles paroissiens, secondés par ceux de la fabrique, dont les membres contribuèrent aux réparations, par leurs travaux et leur argent ; Monsieur Jean-Baptiste Maurensane, nous devons cette justice à sa mémoire, montra plus qu'aucun autre le plus actif dévoûment. Grâces aussi aux offrandes considérables des paroissiens, les injures du temps et du vandalisme révolutionnaire furent autant que possible effacées ; chacun à l'envi, voulut apporter son tribut à l'église restaurée ; le collège ou lycée impérial, fit don de la chapelle de la congrégation, le déménagement en fut fait par les enfants du voisinage, qui se trouvaient heureux de porter à Saint-Pierre malgré leur faiblesse, les tableaux, les statues et les sculptures dorées qui la composaient. C'est devant cette chapelle que se célèbrent tous les ans les offices du mois de Marie.

Les Sœurs de la charité, pieuses filles de saint Vincent de Paule, que le précédent curé, M. Navières, avait fixées dans sa paroisse, érigèrent une remarquable chapelle à leur patron ; elles l'embellirent successivement ; elles continuent à soigner tout ce qui la concerne, ainsi que le linge sacré et les ornements sacerdotaux ; on reconnaît dans tout ce qui est soumis à la surveillance de ces dames cette propreté élégante, l'un des attributs de leur admirable institution.

La famille Grellet de Fleurelle, fit remise à Saint-Pierre de la chapelle de Saint-Léonard qu'elle avait sauvée de la furie des révolutionnaires.

Jean-Baptiste Ardant, l'un des premiers fabriciens et son fils Maurice, firent porter à Saint-Pierre une chapelle qui fut consacrée à saint Jean-Baptiste, et devint celle de MM. les Pénitents blancs. Leur cousine Mademoiselle Madeleine Ardant-du-Picq y ajouta plusieurs tableaux estimés ; une dame de cette famille continue ses soins pour le linge et les ornements de cet autel.

Madame Périer eut aussi le mérite de relever la

chapelle de *Notre-Dame-de-Pitié*, d'en faire repeindre les boiseries, et d'entretenir pendant longtemps le luminaire et tout ce qui appartient à ladite chapelle.

Monsieur Jayac-de-la-Garde, neveu du curé Guingand de Saint-Mathieu, qui, pendant l'émigration s'était exercé à la broderie, donna à Saint-Pierre une belle couronne pour placer au-dessus du Saint-Sacrement et deux magnifiques livres d'épîtres et d'évangiles reliés en velours rouge, richement brodés de sa main sur la couverture. en or et en argent relevés en bosse.

Monsieur Pétiniaud-Champagnac, fit présent à l'église après la mort de son frère le curé de Saint-Maurice, d'un grand vase d'argent ciselé, dont il a été déjà parlé.

Plus récemment enfin, M. Boisson d'Ecoles, receveur-général et fabricien, a enrichi le mobilier de Saint-Pierre de cartons d'autel précieux, d'un pupître pour les livres des épîtres et évangiles, en velours amarante garni de clous dorés, etc.

Madame George Ardant-Masjambost, a placé aux deux côtés de l'autel de saint Vincent de Paule, deux bannières ou tableaux peints de sa main, dans l'un desquels on voit la sainte Vierge, au milieu d'une couronne de fleurs, écoutant avec un profond recueillement les paroles de l'ange Gabriël; dans l'autre ce même ange annonçant à Marie qu'elle a été choisie pour être la mère du Rédempteur du monde.

Monsieur Henri DELOR, installé curé le 3 janvier 1847, a donné depuis deux ans une pompe toute nouvelle à la fête de la première communion; d'après ses instructions, les jeunes communiants marchent sous une bannière, lorsqu'ils vont processionnellement renouveler les vœux de leur baptême et leur consécration à la sainte Vierge. Cette bannière les guide encore lorsqu'ils accompagnent le Saint-Sacrement dans les rues de la paroisse, à la Fête-Dieu.

Mesdemoiselles Labesse et Lia Ardant-Majambost, ont brodé en or et en soie avec un goût infini ces saints étendards de 1850 et 1851, qui appendus aux voûtes de l'antique église, en éclatants trophées, ne peuvent manquer de rappeler chaque jour aux convives du saint banquet de ces deux années, les vœux qu'ils ont formés alors, et les conseils qu'ils reçurent de leurs catéchistes. Chaque nouvelle année apportera un nouveau drapeau brodé à la même intention, dont la date fera palpiter les cœurs des communiants et de leurs familles.

L'association du Sacré-Cœur-de-Jésus, s'est établie à Saint-Pierre en 1851, celle de Marie Immaculée à Saint-Aurélien.

Nous ne parlerons pas du Parvis créé en 1842, du magnifique Dais processionnel, des ornements de velours rouge et de drap d'argent glacé et moiré qui ont augmenté le *chapier* de la paroisse dans ces dernières années ; mais, nous ne pouvons mieux terminer cette notice qu'en répétant les paroles d'un procès-verbal de la fabrique de Saint-Pierre, du commencement de cette présente année, par lesquelles ses administrateurs :
« Témoignent de leur reconnaissance aux honorables
» paroissiens qui ont bien voulu, et à plusieurs re-
» prises, faire de généreux sacrifices en faveur de leur
» église, ainsi qu'aux dames de charité qui recueillirent
» en 1850 les offrandes des fidèles. » Afin de faire face aux *vingt-trois mille francs* qu'ont coûté les nouveaux fonts baptismaux, la tribune de l'orgue et ce bel

instrument de musique à deux claviers à mains et un clavier à pédales, qui ajoutent tant de splendeur et de pompe aux cérémonies religieuses.

⇔

Notes tardives. Nous avons fait honneur au curé Navières de l'institution du bureau de bienfaisance et de l'établissement des Sœurs de la charité dans la paroisse de Saint-Pierre; sans vouloir diminuer la reconnaissance qui lui est due, pour avoir mené à bonne fin une si utile entreprise, nous devons cependant rendre hommage à la vérité en proclamant que la première idée en est due au prêtre Léonard Rogier, théologal. Cela est prouvé par un acte du 8 janvier 1767, qu'une main amie vient de nous communiquer, et dont nous extrayons les détails suivants qui sont intéressants sous plusieurs rapports :

Léonard Rogier, par son testament du 17 mars 1714, reçu par Pigné notaire, et déposé le 17 mai 1720 par le notaire Belut, fit *un légat de six mille livres pour l'établissement des sœurs grises de la charité dans la paroisse de Saint-Pierre-du-Queyroix et le soulagement de ses pauvres*....., voulant que l'intérêt en courut à raison de 200 livres pendant la vie de ses deux sœurs, et après leur décès à raison du *denier vingt*, afin d'accumuler le capital jusqu'à ce qu'il fut suffisant ; lui défunt, ses débiteurs s'empressèrent de rembourser ce qu'ils devaient en billets de la banque (de Law), et son héritière en plaça les produits à 6 et 4 deniers pour livre, même à un pour cent sur les tailles de l'élection de Limoges, ce qui diminua considérablement la valeur de la succession.

La dernière sœur du théologal fut assignée devant *l'ordinaire de Saint-Augustin*, par Martial Brunet père de deux enfants à qui une substitution de 6,000 livres avait été *apposée* dans le testament de Léonard Rogier, *Simone*, l'héritière *excepta* que les légats étaient payables en effets de la succession, lesquels par la révolution des billets avaient souffert une notable dépréciation ; elle mit en cause le supérieur général des sœurs grises pour qu'il eût à remplir les intentions du testateur, ou renoncer audit *légat*, et pour voir déclarer le jugement qui interviendrait, commun aux dites sœurs. Ce supérieur s'étant présenté, déclara renoncer audit *légat*, attendu son insuffisance pour créer ledit établissement ; à la mort de *Simone*, la succession échut à Pierre Bouchaud.

Simon de Raquioux, alors curé de Saint-Pierre, informé du *légat des sœurs grises* et de la *révocation* qu'y avait faite le supérieur général, assigna celui-ci et les dites sœurs, au Châtelet de Paris, pour voir ordonner que l'établissement serait fait, ou qu'en tout cas, ce légat serait employé au soulagement des pauvres de sa paroisse. L'instance fut évoquée par le supérieur général et les religieuses, au grand conseil, qui les y fit renoncer et l'adjugea au curé de Saint-Pierre. Celui-ci devait l'employer, du consentement de l'évêque, du lieutenant-général, des marguilliers et notables de la paroisse à un établissement pieux.

Le curé Raquioux ne fit aucun usage de cet arrêt du 20 juin 1750, attendu qu'il n'y avait de partie qu'il pût attaquer, Pierre Bouchaud étant tombé en démence, sans avoir été pourvu de curateur, ni été interdit.

Siméon Navières, et les marguilliers de Saint-Pierre, voulant ramener à exécution l'arrêt du grand conseil, assignèrent à la cour sénéchale de Limoges, Léonard

Bouchaud, frère de Pierre, aux fins de se voir condamner à payer les 6,000 livres, avec intérêts et dépens. Bouchaud, déclara qu'il ne restait qu'un effet du capital de 2,900 fr. produisant 140 fr. 12 sous 6 deniers de rente constituée due par M. de Vaucourbeix de Bachelerie, reconnue par la dame Arboneau, 7 à 800 fr. par M. de Fonjaudran, et 40 fr. 4 sous 6 deniers de rentes sur les tailles de Limoges; par l'édit d'août, 1720 et en liquidation à Paris. Il céda au curé ces deux rentes; ce qui réduisit le capital à 3,234 livres, dont il devait payer les intérêts à 4 p. % jusqu'à son décès, sans retenue du 10e, 20e, ou autres impositions. Le curé et les marguilliers acceptèrent, en conservant leurs hypothèques et obligeant le temporel de la fabrique de Saint-Pierre, pour l'exécution; par acte passé dans la salle de la maison presbytérale dudit Saint-Pierre, en présence des sieurs Joseph et J.-B. Farne témoins. Signé à la minute, *Bouchaud*, *Navières*, curé, J.-B. Grégoire *Roulhac-de-Thias*, Léonard *Romanet*, syndic fabricien, Charles *Deguillaume-de-Rochebrune*, Mathieu *Romanet* du Caillaud, Jacques *Garat*, syndic, Pierre J.-B. *Bourdeau* du Mas, Nicolas *Juge-St-Martin*, Pierre *Grelet*, nég^t, J.-B. *Farne*, tous fabriciens en charge demeurant à Limoges. *Farne* témoin et *Thoumas*, notaire. Contrôlé le 15 janvier 1767, reçu 40 livres 6 sous, signé *Baget*.

Epitaphe sur une plaque, pilier le plus près du sanctuaire, côté de l'épître à Saint-Pierre, écusson de ses armes, champ d'azur, étoile en chef, deux léopards passant.

> Aprés que l'on eut fait gouverneur de Lymoges,
> Mérigou-de-Massé, Mars en fut irrité,
> Et va dire tout haut, s'il faut que tu desloges
> Du camp, et moi aussi, c'est un point arresté.
> Minerve, qui fut là, disoit, d'aultre cousté
> Que si feroit. Et luy dessus cette querelle
> A Lymoges s'en vint : mais las ! la mort cruelle
> Pour rompre le débat, l'envoya tot és cieux ;
> Nous laissant seulement sa louange éternelle,
> Un regret dans les cœurs, et les larmes aux yeux.

—

Autre épitaphe de messire Mérigou-de-Massé, chevalier de l'ordre du roi, gouverneur pour Sa Majesté, à Limoges, en l'absence de M. le comte des Cars.

> L'an mil cinq cent-soixante-neuf, le jour
> Vingt-sixième en juing, (o ! quel dommage !),
> Feu Mérigou-de-Massé, preux et sage,
> Vola d'ici au céleste séjour.
> *Requiescat in pace.*

—

Sur une plaque, au pilier joignant la chapelle de sainte Marguerite, côté de l'épître, à Saint-Pierre-du-Queyroix.

†. Moriatur anima mea morte justorum. D. *Leonardo de la Charlonie*, utriusque juris doctori meritissimo, in senatu Lemovicensi patrono dignissimo, ejusdem que

urbis prætori æquissimo, in civilibus negotiis cum laude versatissimo; *Antonius de la Charlonie et Ludovica Duboys*, ille frater carissimo fratri, hæc fidelis conjux optimo conjugi, hoc sacrum mærentes erigi curavêre : qui decimo quarto kalendas maii, anno Domini millesimo sexcentesimo sexto animam reddidit.

EPITAPHIUM.

Quisquis ad hæc properas sacris penetralia templi,
Siste gradum et mortis flebile cerne melos.
Juris et aquarum jacet hoc sub marmore legum,
Insignis cultor, justitiæ que tenax.
Elygium colit umbra nemus, sedes que beatas,
Asthic urna tenet membra sepulta brevis.
Judicis officio fungens sub lege regebat,
Hos patriæ fines, sacra que jura dabat.
Si nunc justa deo dat mortis jura petenti,
Funere num potuit prosperiore mori ?

TRADUCTION.

L'honneur et la valeur, les arts et la science
Se logent de tout temps au temple de vertu,
Et bien rare l'esprit dè ces dons revêstu
Qui l'eslevant au bien de l'immortelle essence.
Celui qui git icy, déz sa premiére enfance
De ces perfections montra le champ battu,
Mais sur ses derniers jours de douleur abbattu,
Conquit un plus beau los par sa sainte constance.
Triomphant du péché, de l'enfer, de la mort,
Méprisant les assauts d'un incroyable effort,
Causés par les longueurs d'un mal plus qu'incurable,
Rendant l'esprit à Dieu délivré de péchés,
Armé des sacrements, les yeux au ciel fichés.
Pourroit-on souhaiter tombeau plus honorable.

Entre deux écussons, l'un à deux chevrons superposés entre six étoiles, *de la Charlonie*, l'autre écartelé du même, et d'un arbre dans le champ, bordé de six houcles, armes de Louise Duboys, sa veuve,

Expecto donec veniat.

Has lacrymabiles musarum voces chari avunculi tumulo dedicabat F. Martialis Gobert à sancto Bernardo Monachus Fulliensis, sacri verbi concionator.

Martial de la Charlonie fut conseiller à la maison commune d'Angoulême, de 1578 à 1606.

—

Nous avons extrait des registres de la paroisse de Saint-Pierre, les actes de naissance suivants, de trois personnages célèbres à divers titres. *Henri-François d'Aguesseau*, fils de Henri, intendant de la généralité de Limoges, né le 27 novembre 1668, rue du Consulat à Limoges, baptisé le 28 même mois. « Il n'est, dit Villemain, aucun nom plus universellement, et plus justement admiré : grand magistrat, ministre intègre et vertueux, savant profond, orateur célèbre, il réunit les plus beaux titres d'illustrations. »

—

Le premier mars 1757, j'ai baptisé Etienne Pierre *Ventenat*, fils de Pierre et de Catherine Dupré, né le même jour, rue du Collège; parrain Pierre Dupré, procureur en Parlement, marraine Jeanne Ventenat de Dubreuil, qui ont signé avec moi. A. Lombardie, premier vicaire de Saint-Pierre. Ce célèbre botaniste, membre de l'institut de France, mourut en 1808.

Le 15 octobre 1784, j'ai baptisé *Thomas-Robert*, né le même jour, (rue Cruche-d'Or), fils légitime de messire Jean-Ambroise *Bugeaud*, chevalier, seigneur de la Piconnerie, et de dame Françoise de Sutton-de-Clonard, son épouse. Parrain : messire Robert de Sutton, vicomte de Clonard, lieutenant des vaisseaux du roi, chevalier de saint Louis ; marraine : dame Thomassine Marie de Sutton de Clonard, dame de Frênet. Le parrain, représenté par Louis Lelocq, la marraine dame Anne Périmony, qui ont signé avec moi. Dayma, vicaire de Saint-Pierre.

Le dernier procès-verbal signé de MM. les Fabriciens, en charge, donne les noms suivants :

MM. Cogniasse-Dubreuil, président du Conseil ; ✶
Léobon Parant, trésorier ; ✶
Casimir Maurensane, président du bureau ;
Dumont-St-Priest ; ✶
Boisson-d'Ecoles ;
Joseph Jabet ;
Raimond Noualhier ;
Auguste Dupalland.

Président de la Confrérie du Saint-Sacrement M. L. Cogniasse-Dubreuil. ✶

Syndic des Amiers, M. Martial Petit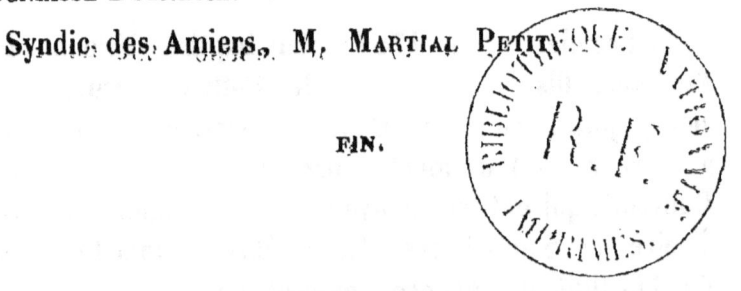

FIN.

LIMOGES. — Imp. Ardant Frères.

www.ingramcontent.com/pod-product-compliance
Lightning Source LLC
Chambersburg PA
CBHW070247100426
42743CB00011B/2166